Mein Weg in eine neue Freiheit

**Christa Sima** geb. 1950 in Wien
Ich war lange Zeit als Altenpflegerin tätig. Hatte einen eigenen
ambulanten Pflegedienst. Bildete mich zur Sozialmanagerin
weiter. Machte eine Ausbildung zur Lebens- und
Sozialberaterin in Österreich.
Ich arbeite als Betreuerin und Lebens- und Sozialberaterin in
München

Bibliografische Information der Deutschen Nationalbibliothek
Die Deutsche Nationalbibliothek verzeichnet diese Publikation
in der Deutschen Nationalbibliografie; detaillierte
bibliografische Daten sind im Internet über http://dnb.d-nb.de
abrufbar

**Impressum**
**Originalausgabe**
2008
© Christa Sima
Herstellung und Verlag: Books on Demand GmbH,
Norderstedt

ISBN-13: 9783837068597

# INHALT

## VORWORT

Sich der eigenen Biographie zu stellen (Rückschau und Wertschätzung)

**Das Buch „Mein Weg in eine neue Freiheit" handelt von folgenden Themen**

- Wie ich versuche mein Empti-Nest Syndrom in den Griff zu bekommen
- München entdecken – als meine neue Heimat
- Woher komme ich - wohin gehe ich – Politik – Religion
- Das Protokoll meiner Wechseljahre und die damit verbundene Selbstfindung

**Gebrauchsanweisung**

für Frauen, auf den Weg in einen neuen Lebensabschnitt, der Zeit in der sie allen Verpflichtungen der Familie gegenüber entkommen sind. Heute hat mir ein Mann erklärt, dass es zwei Arten von Emanzen gibt, die angenehm und die unangenehm emanzipierte Frau. Ich habe nicht gefragt wo der Unterschied liegt. Das war vielleicht ein Fehler. Ich habe mir meine eigenen Gedanken gemacht und bin zu folgenden Resultat gekommen:

Eine angenehm emanzipierte Frau ist eine Frau, die für alles die Verantwortung übernimmt und keine Forderungen an den Partner stellt. Eine unangenehme emanzipierte Frau übernimmt für sich die Verantwortung für sich selbst und fordert vom Partner einen Teil der Verantwortung für das gemeinsame Leben zu übernehmen ( Beziehung, Kinder, Haushalt etc.)

Es gibt Bücher für Frauen die mit Männern leben, es gibt Bücher für Frauen die in einer lesbischen Beziehung lebe, aber es gibt kaum Bücher für Frauen die nach einer langen Zeit in Ehe und dem Großziehen der Kinder, das Leben leben wollen, dass sie schon als junge Frauen leben wollten. Sie wussten nur tief in ihrem Inneren, dass die Zeit dafür noch nicht gekommen ist, dass sie vorher noch etwas anderes lernen müssen. Sie wollen nicht in den Urzustand der Welt zurückfallen, wo das Rad noch nicht erfunden war, sie wollen nicht auf den Bauernhof, nicht in die Einöde. Sie wollen Kultur, den technischen Fortschritt nützen und genießen, biologisches Essen, Umweltschutz, die Erde heilen mit den Mitteln unserer Zeit. Sie wollen abschließen, neu beginnen. Sie wollen keinen Sex mehr, weil der den sie hatten toll war. Sie wollen Freundschaften mit Männern, sie wollen sie nicht hassen, denn sie haben Söhne. Sie wollen das arbeiten was ihnen Spaß macht und das lernen wozu sie sich berufen fühlen. Sie wollen Spiritualität jeden Tag dieses kommenden Lebens. Der Weg ist steinig, schmerzvoll und jeden Tag haut es sie hundert mal auf die Schnauze, sie stehen auf lecken ihre Wunden und hoffen auf eine neuen wunderbaren Tag, denn schlimmer als das was schon war kann es nicht mehr werden. Sie haben gekämpft jeden Tag, um ihre Gleichberechtigung, um ihre Gleichbehandlung, sie haben einige Kämpfe gewonnen und einige verloren und sie sind bereit wahrzunehmen, dass die Welt sich verändert. Die Töchter müssen ihren eigenen Kampf kämpfen und auch unser Kampf geht weiter. Er geht weiter um den Sinn unseres Alters. Darum, dass wir ohne Reproduktionsfähigkeit ein Anrecht haben auf ein menschenwürdiges Leben, darum dass es nicht um Schönheit und jung sein geht, sondern um geistige Reife, um das Lehrerin sein.

Das was ich aufgeschrieben habe, ist ein Teil meines Weges dahin.

**Nun bin ich fünfzig habe die erste Hälfte meines Lebens hinter mir und beginne zu leben.**

Was mache ich aus meinem Leben, wie will ich es gestalten, wo will ich meine Schwerpunkte setzen, was kann ich noch nachholen wozu ich aus junge Frau keine Zeit hatte. Eines nach dem anderen. Ich hatte da so einen Traum. Eines nach dem anderen, nicht alles zur gleichen Zeit, erst eines beenden. Darum stricke ich erst meinen Schal zu Ende bevor ich einen Pullover beginne, mache meinen Sozialmanager fertig, bevor ich meine nächste Ausbildung anfange und lebe erst einmal meinen Schatten, meine Träume.

**Ich beginne meinen Weg in eine neue Freiheit**

Ich bin frei, ich bin frei und habe keine Verpflichtungen mehr nur mehr mir selbst gegenüber. Und was ist mit der Gesellschaft? Und was ist mit deiner Familie?

Ich schreibe diese Zeilen, um mich von meiner ersten Lebenshälfte zu verabschieden, um abzuschließen mit der Vergangenheit. Rückschau zu halten, den Schmerz loszulassen der mich begleitet hat, das zu akzeptieren was ich nicht mehr verändern kann und nach vorne zu blicken in einen neuen Lebensabschnitt

**Biographiearbeit**

Warum schreibe ich dieses Buch? Ich muss zurückblicken – abschließen – muss herausfinden wer ich war bevor ich die wurde, die ich heute bin.

* Muss loslassen was losgelassen werden muss – was sich überholt hat - Abschied von einem Lebensabschnitt
* Muss meine Spiritualität leben – Was ist für mich Spiritualität? Wie gehe ich meinen Spirituellen Weg und wie den äußeren? Wie bringe ich sie zusammen?
* Muss für mich neue Rituale finden – nach dem ich Abschied genommen habe von meinen Kindern, wollte ich auch Abschied nehmen von alten Traditionen – Abschied nehmen von den patriarchalen Kirchen – ich habe mich mit Religion und den Kirchen beschäftigt habe darüber gelesen mich informiert und will nun aufschreiben was für mich dabei herauskam bzw. was ich heute weiß und wie ich damit umgehe.
  Ich bin aus der Kirche ausgetreten und will nun auch sehen, was für Konsequenzen für mich als Altenpflegerin diese Tatsache hat.
* Identitätssuche – wer waren meine Vorfahren – wer waren unsere Eltern – welche Politik hat sie geprägt? 3.Reich. Welche Politik prägt mich? Wie prägt mich die Politik des 3.Reiches? Und wie wirken die Trauma meiner Eltern auf mich nach?
  Eine übernommene Identität ist für mich meine Heirat, mein Kinderkriegen, Sozialismus,

- Politik – Frauenpolitik – Feminismus – weibliches Denken. Warum Frauen anders sind als Männer? Sozialisierung der Frau? Warum ist Frau wie sie ist?

**Will Lehrerin sein**
**Will menschenwürdig und in Freiheit altern**

Gründe, warum ich all das aufgeschrieben habe - was ich eben aufgeschrieben habe – gibt es viele. Um mich selbst zu finden, um meine Kultur zu finden, um mich zu heilen, um meinen Weg als Frau zu finden, um meinen Weg als Frau zu gehen. Um der nächsten Generation Frauen zu sagen, dass alles nicht so einfach war und ist, um der nächsten Generation zu sagen, dass wir eine traumatisierte Generation sind, dass wir unsere Eltern nicht als Vorbilder wollen, dass wir keine Vorbilder haben, nur eine Vergangenheit und die ist nicht unsere.......

Ich schreibe mein Leben auf, um mit der Niederschrift meines Lebenslaufes anderen Frauen **meinen** Weg zu zeigen in ein unabhängiges Leben.

## ABSCHIED VON EINEM LEBENSABSCHNITT
## Wie ich versuche mein Empti-Nest Syndrom in den Griff zu bekommen

### Als endlich alle Kinder aus dem Haus waren

Als mein jüngstes Kind ein paar Jahre alt war, wünschte ich mir sehr, dass die Kinder endlich alle aus dem Haus wären und ich für mich alleine leben könnte. Ich malte mir in Gedanken aus, was ich alles tun würde und nicht mehr tun müsste. Meine Kinder waren alles keine einfachen Kinder und als mein Ältester auszog und wegging, war es gut. Ich machte mir auch keine großen Sorgen, er war vernünftig und konnte auf sich aufpassen, so nahm ich an, und wusste es auch nicht anders, denn er hat mich über Jahre hinweg immer belogen, deswegen verlangt er auch heute von mir die absolute Wahrheit. Mein mittleres Kind, eine Tochter hat es mir immer leicht gemacht sie nicht zu vermissen. Als sie im wahrsten Sinne des Wortes zu ihrem Vater abhaute verschwendete ich keinen Gedanken an sie. Sie hatte mir die Luft abgeschnürt, sie hat mich beklaut und gedemütigt. Ich war froh, sie war gut aufgehoben bei ihrer Ersatzmutter und sie hat es zu all dem gebracht was man einem Kind als gute Mutter wünscht. Und da war nun noch mein drittes Kind. Mein jüngstes Kind, mein zweiter Sohn. Er raubte mir den letzten Nerv und brachte alles Schlechte in mir zum klingen. Von dem Moment an, wo dieses Kind geboren wurde, hatte ich keine ruhige Minute in meinem Leben, und jetzt ist er weg. Und es sollte mir gut gehen. Keine Polizeieinsätze mehr, keine durchwachten Nächte, keine Schulprobleme. Nichts braucht er mehr außer Geld, und was ist schon Geld wenn man sonst seine Ruhe hat. So habe ich nun dieses Kind im April 1999 in Griechenland abgeliefert, dort wollte er hin. Er war dort bei Freunden, kein großer Grund zur Sorge außer, wenn da nicht das Kiffen währe und der Alkohol und die Motorräder und die Autos die er unerlaubt benützt. Aber was soll es, er ist volljährig, zu minderst nach dem deutschen Gesetz. Du kannst ihm nicht mehr beschützen, er lässt es schon lange nicht mehr zu, du bist nur an allem schuld, was er gemacht hat und du bist es noch immer. Du hast ihm keine Grenzen gesetzt, du warst nicht wirklich bei ihm - zu hause. Du hattest deine eigenen Interessen, sagt meine Tochter. Und jetzt ist er weg. Und da ist dieses Loch, dass dich nicht aus dem Hause gehen lässt, denn er könnte anrufen und deine Hilfe brauchen, dass du ihm wieder irgendwo rauspaukst oder einen Weg findest wie er zu Geld kommt, weil die Bank seine EC-Karte eingezogen hat, da er seinen Dispo überzog. All dies könntest du nicht tun, wenn du aus dem Haus gehst. Dabei hast du ja ein Handy und er hat deine Nummer und im Notfall bist du 24 Stunden am Tag erreichbar, außer du sitzt in der U-Bahn oder in irgend einem Loch, wo dein Handy keinen Empfang hat. Das ist der Grund, warum du nicht aus dem Haus gehst oder was ist der Grund, dass du stundenlang vor dem Fernseher hockst, wo du doch früher an dieses Ding keinen Gedanken verschwendest hast.

Dabei war ich immer eine selbständige Frau, hatte meine eigenen Interessen oder nicht? Ich habe meine Kinder alleine groß gezogen, ich habe in Seminaren gelernt etwas für mich selbst zu tun. Mich für mich selbst zu pflegen, für mich zu lernen und auf mich zu sehen. Mich selbst zu belohnen und nicht zu warten bis es andere tun. Ich habe gelernt faul auf der Couch zu liegen ohne schlechtes Gewissen, ein Buch zu lesen ohne schlechtes Gewissen und mir ein Putzfrau zu leisten, wenn ich es brauche. Und trotzt allem, sitze ich jetzt da und schaue in den Fernseher und traue mich nicht aus dem Haus, weil mich mein Sohn brauchen könnte. Oder warum sonst?

Ich weiß es nicht wirklich und ich versuche es heraus zu finden und ich will es herausfinden! Der Schmerz und die Trauer ist so groß, dass ich es herausfinden muss. Ist es eine Depression? Ich denke es ist keine Depression, es ist eine depressive Verstimmung, denn ich stehe in der Früh ohne Probleme auf, ich putze und koche, und mache meine Arbeit, und dann ist da dieser Schmerz, der mich ohne Grund in Tränen ausbrechen lässt und mir wieder einmal die Luft abschnürt.

10

**Trauer**

Ich hab den Sommer nicht kommen sehn vor lauter Schmerz und jetzt sind die Hollunderbeeren schon fast schwarz und die Kastanien sind groß, die Blätter werden braun und ich hab den Sommer nicht kommen sehn vor lauter Schmerz.

Dieser Schmerz ist in meinen Eingeweiden, ist in meinem Kopf, er geht mit mir über die Straße und verfolgt mich nach Hause. Der Sommer ist vorbei und ich habe ihn nicht kommen sehn.

Ich gehe immer über den Friedhof und denke wir hängen zu sehr an alten Dingen, an der Materie. Sicher ist Materie bis zu einem gewissen Grad wichtig um unseren Körper zu schützen.

**Ich sage mir immer:**

Wir sollten ein stabiles Haus bauen. Instabile Häuser fallen bei der kleinsten Erschütterung zusammen, und wir sollen dieses Haus einrichten und ausgestalten, aber wir sollen dort auch immer wieder zusammen räumen und entrümpeln, um für neue Dinge Platz zu machen. Neue Dinge, neue Lebensabschnitte sind wichtig um uns weiter zu entwickeln. Zu „entwickeln", wie das Wort sagt, uns von alten Dingen auszuwickeln.

Ich schreie vor Trauer, ich bin leer vor Trauer, mein Haus ist leer. Ich habe keine Tränen mehr ich kann nicht mehr weinen, ich habe Angst.

Ein Jahr ist vergangen dass ich ihn ins Leben entlassen habe, hinaus gestoßen ins feindliche Erwachsenenleben – habe angedroht ihn jeden weiteren Schutz zu verwehren wenn er nicht macht was ich ihm sage, wenn er nicht aktiv mitarbeitet sein Leben in den Griff zu bekommen. Den Terror der folgenden Monate den er auf mich emotional ausübte, möchte ich mit Tagebucheinträgen aus dieser Zeit dokumentieren

**26.04.99**
Habe Georgios ein Fax geschickt. Er hat dann angerufen – jammert und macht mir ein schlechtes Gewissen.
**10.05.99**
Georgios hat angerufen – braucht Geld.

**07.07.99**
Brief von Stadtsparkasse – Georgios seine EC-Karte ist gesperrt.
**08.07.99**
Krach mit Georgios wegen überzogenen Konto.
**10.07.99**
Georgios hat angerufen – keine Arbeit, kein Geld. Habe mit Eleni gesprochen – überweise ihr das Geld. Mir geht das mit dem Geld sehr nahe – es stinkt mir.
**11.07.99**
Noch einmal mit Eleni telefoniert – solange sie da ist leidet Georgios keinen Hunger – meint sie.
**16.07.99**
Habe mit Georgios telefoniert. Er will mit Thomas zurückfliegen nach Wien.
**31.07.99**
Versuche am späten Nachmittag Georgios zu erreichen. Nach dem fünften mal erzählt mir Magdalena, dass Georgios für den 01.September ein Ticket nach Wien hat.
**28.08.99**
Georgios hat angerufen – mit Ticket ist alles okey – fliegt am Mittwoch. Macht schon wieder Theater mit Geld. Hat Angst hat nicht genug um zum Flughafen zu kommen.
**01.09.99**
Heute ist Georgios nach Wien geflogen. Ich war fertig. Schon die Nacht schlecht geschlafen und mir Gedanken gemacht was alles passieren könnte – abgesehen davon, dass das Flugzeug ins Wasser stürzt. Um 15:00 Uhr kam dann Ursulas erlösender Anruf, dass Georgios da ist und ich bekam meine emotionale Inkontinenz in den Griff nachdem ich mit Georgios gesprochen hatte.
**14.09.99**
Mit Georgios lange telefoniert – hat im Moment Arbeit.
**19.9.99**
Georgios hat um 04:30 Uhr angerufen – er bringt sich um – aus Wien. Er lebt noch.
**03.10.99**
Es war ein Sonntag
Morgenspaziergang und dann trat Georgios wieder in Aktion. Es geht ihm schlecht. Und ich bekomme Schuldgefühle. Ich

12

hasse ihn dafür, dass er mir Schuldgefühle macht wenn es ihm schlecht geht. Vier e-mails hin und her. Mit Ursula telefoniert. Sie beruhigt mich wieder – aber der Tag ist gelaufen.

**31.10.99**

Es ist Sonntag

Dann gab es am Nachmittag wieder Zoff mit Georgios, Thomas und Alex. Eine Stunde telefoniert. Immer das Selbe. Alex keift, Thomas ist eifersüchtig und Georgios weint. Die suchen sich immer das Wochenende aus.

**05.12.99**

Es war ein Sonntag

Heute war wieder so ein Tag an dem ich am Liebsten irgendwo hinein gekrochen und nicht wieder herausgekommen wäre. Alles fing so harmlos an. Ich fühlte mich nicht wohl – bin erkältet. Bleib zu Hause – will lesen und herumhängen. Bis zu Mittag war dies auch gut so. Dann rief die Ursula an, dass es Probleme mit Thomas gibt. Sie ist sauer auf ihn, wie er den Georgios behandelt. Ich sagte ihr, auch mir wäre es lieber, dass er heute als morgen da rauskäme. Nach einer Stunde rufe ich sie an – da als ich mit ihr telefonierte, Thomas auf der anderen Leitung anrief. Erreiche sie am Handy. Sie ist gerade bei Thomas und hilft Georgios die Sachen packen. Gehen tut`s eigentlich um die Lehrstelle, die Georgios angeboten bekam. Ursula und ich sind der Meinung er soll sie nehmen und Thomas meint, er kommt mit dem Geld nicht aus. Ursula ist der Meinung: Da muss man sich darum kümmern. Eine Stunde später ist der Umzug zu Anni und Ursula beendet. Georgios ist verletzt und froh zugleich

Morgen beginnt er seine Ausbildung als Verkäufer – Einzelhandelskaufmann.

**13.12.99**

Mit Georgios und Ursula telefoniert. Georgios war zum ersten Mal in der Berufsschule und es ging ihm gut.

**31.12.99**

Nachmittag habe ich mit Ursula und Georgios telefoniert. Georgios hat seinen Lehrvertrag bekommen.

13

**02.04.00**

Georgios hat angerufen und mir wieder die Hucke vollgejammert. Schicke ihm 100 DM.

**Der Weg aus der Trauer**

**Frühling**

Der „Englische Garten" erwacht aus seinem Winterschlaf. Familien drehen mit ihren Kinderwagen und Kindern die ersten Runden, brave Mädels brunchen mit ihren Eltern im Restaurant „Englischer Garten", ein paar Mutige sitzen im Biergarten. Die Knospen sprießen. Der Wetterbericht hat für nachmittag Regen angesagt, ich gehe als würde ich diesen Ort zum ersten Mal sehen. Es ist ein Jahr her, dass mein Sohn weggegangen ist und ich will den Sommer kommen sehn.

Der Sommer ist gekommen und er ist heiß. Es ist Ende August. Es war ein extremer Sommer. Mit viel Hitze zu Beginn mit viel Regen in der Mitte, mit tropischen Regen. Nicht wie in den letzten Jahren, wo es sofort kalt wurde wenn es geregnet hat. Und nun zum Ende des Sommers ist es heiß, sehr heiß.

**Sommer**

Ich habe den Sommer kommen sehn. Der Sommer war voll mit Arbeit und Überraschungen. Zwei Umzüge, viele Umstellungen, einige Erfahrungen, viele Erfahrungen. Wenn mein kleiner Sohn anruft, versuche ich emotionslos zu reagieren. Was ist Sache? Schuldzuweisungen werden mit einem Auflegen des Telefonhörers beantwortet. Zwei Tage habe ich versucht ihn zu erreichen, ich habe es aufgegeben. Mache ich mir Sorgen?

14

## BIOGRAPHIEARBEIT - IDENTITÄTSSUCHE

Wer bin ich? Diese Frage beschäftigt mich nun, wo meine Kinder aus dem Haus sind und ich frage mich, wer war ich, bevor ich die wurde, die ich heute bin. Es ist die Frage zu klären, was ich wollte bevor das Leben seinen Lauf nahm. Was wollte ich bevor ich das machte, was ich dann tat. Um meine Identität zu finden muss ich wissen wer ich bin. Den roten Faden in meinem Leben finden. Mein Leben aufschreiben.

### Familiendynamik - Sozialisation

Als ich anfing meine Identität zu suchen fing ich sozusagen beim Punkt null an. Dort wo alles begann - in der Jugend meiner Mutter. Ich fing an in der Vergangenheit zu wühlen und viele kleine Stücke wie ein Puzzle zusammenzutragen. Aus Erzählungen, aus Dokumenten und Bildern die ich nach dem Tod meiner Eltern fand.

Viele Dinge die ich über die Vergangenheit meiner Mutter herausfand waren sehr belastend für mich

- Meine Mutter war im KZ Krankenschwester und mein Vater - griechischer Kommunist - war dort Häftling
- Gefühle lasse ich aus dem Spiel – ob sie sich ineinander verliebten, ob sie sich in ihn verliebte, lassen wir außen vor. Ob er sie benutzte um zu flüchten - wer weiß es.
- Es gelang ihnen die Flucht mit Hilfe eines Oberstabsarztes – bei einem Außentermin. Die Amerikaner waren im Anmarsch – sie jagten Kommunisten – mein Vater musste aus diesem Bereich raus.
- Meine Schwester wurde im März 1945 gezeugt. Sie kam am 16.11.1945 zur Welt.
- Mein Vater schlug sich nach Griechenland durch. Wusste er von der Schwangerschaft oder nicht? Diese Frage ist bis heute ungeklärt.
- Meine Mutter gebar dieses Kind, gab es bei ihrer Mutter ab. Ging nach Wien um zu arbeiten. Lernte meinen sozialen Vater kennen. Heiratete ihn 1947. Wusste er von dem Kind meiner Mutter – meiner Schwester – oder wurde

ihm auch schon die Story von dem unehelichen Kind meiner Tante aufgetischt?

- 1948 war der Bürgerkrieg zu Ende. Mein Vater musste aus Griechenland raus und wie der Zufall es so will schlug er sich nach Wien durch. Vielleicht war es auch kein Zufall. Vielleicht suchte er meine Mutter und vielleicht wusste er, dass sie in der Zwischenzeit ein Kind geboren haben musste.

- Meine Mutter arbeitete als Serviererin in einer Wirtschaft am "Brunnenmarkt" in Wien. Der Treffpunkt von vielen Griechen schon damals.

- Sie trafen sich – sie war verheiratet. Was passierte dann? War es Liebe? War es verletzter Stolz? War es der Wunsch nach Sicherheit von seiner Seite? War es Gewalt die er ihr antat? Juni 1949 wurde ich gezeugt.

- Auf jeden Fall konnte meine Mutter mich unbeschadet zur Welt bringen. Was in ihr in der Schwangerschaft vorging hat sie mir manchmal erzählt - sie litt wie ein Hund. Es war ihr schlecht, sie erbrach viel. Sie lebte von Äpfel und Brot. Wer ahnte etwas? Meine Stiefgroßmutter hatte immer viel Streit mit meiner Mutter und wusste zumindest später wie schlecht die Ehe meiner Mutter und meines Stiefvaters war.

- Mein Vater ging 1952 nach dem gescheiterten kommunistischen Aufstand in Wien nach Ungarn. Und er kam 1956 beim Ungarnaufstand nach Wien zurück. 1956 marschierten die Russen in Ungarn ein, und mein Vater kam mit dieser Flut von Flüchtlingen zurück. Unser Haus und unsere Wohnung war voll mit geflohenen Menschen. Eine Erinnerung habe ich, an einen Mann. Es muss so 1957 gewesen sein. Ich war mit meiner Mutter auf einer Ausstellung in Klagenfurt. Da erinnere ich mich an einen Mann der sich mit uns traf. Ich erkannte ihn viel später auf einen Bild als meinen Vater wieder.

**Das Milieu in das ich hinein geboren wurde**

Ich wurde an einem Sonntag Anfang März in Wien geboren. Laut Aussage meiner Eltern war es ein wunderschöner warmer Vorfrühlingstag. Und ich sei ein Glückskind, da ich an einen Sonntag geboren bin. Meine Eltern waren Arbeiter. Mein

16

sozialer Vater Schlosser, meine Mutter Strickerin. Den Beruf - gibt es den heute noch? Sie saß auf jeden Fall an einer großen Maschine und stellte Strickstoffe - sogenannte Wirkstoffe her. Sie hatten beide Arbeit. Wir lebten bei meiner Geburt, gemeinsam mit den Eltern meines sozialen Vaters in einer Wohnung, die aus Zimmer, Küche, Kabinett bestand. Wasser und Toilette auf dem Gang - eine sogenannte Substandard Wohnung - wie wir heute sagen. Die Wohnung befand sich in einem alten Haus im 6ten Wiener Gemeindebezirk, nahe dem "Naschmarkt". Im 4ten Stock ohne Aufzug, mit großem Hof, wo auch die Wäsche aufgehängt wurde. Waschküche im Keller mit Kessel um Wäsche zu kochen und eine Waschtrog. Ein großer Bottich war auch vorhanden. Die Großeltern waren Rentner und schon ziemlich alt als ich auf die Welt kam. Sie lebten im großem Zimmer, wir schliefen im Kabinett. Gemeinschaftlich genützt wurde die Küche. Da wurde gekocht und da stand die Waschschüssel und die Wasserkanne mit der wir das Wasser vom Gang holten. Wir hatten einen Gasherd auf dem auch das Wasser zum Waschen gewärmt wurde. Dazu gab es einen sogenannten Waschhefen. Ein Topf der zehn Liter Wasser faste. Einmal in der Woche gingen wir ins "Tröpferlbad". Dort konnten wir gegen ein geringes Entgelt duschen oder baden. Im Kabinett standen zwei Klappbetten. Diese wurden jeweils in der Früh hochgeklappt, damit wir am Tag Platz hatten um uns in dem Kabinett auch aufzuhalten. Wir hatten zwei Klappbetten und ich schlief abwechselnd eine Nacht bei meiner Mutter und eine Nacht bei meinem sozialer Vater. Als wir in eine eigene Wohnung zogen bekam ich ein eigenes Bett, im Schlafzimmer meiner Eltern. Ein Schrank und ein runder Tisch mit drei Stühle ergänzen die Einrichtung des Raumes. Meine Mutter legte immer großen Wert auf eine ordentliche Einrichtung. Ordnung und ordentlich waren ihre Hauptwörter - das war meine Wahrnehmung. Im Zimmer der Großeltern war ein großes Ehebett mit total durchgelegenen Matratzen, Schränke, ein Tisch und zwei Stühle. Neben dem Ofen stand ein Kiste mit Mehlwürmern. Diese brauchte der Großvater um seine Vögel zu füttern, die überall in der Wohnung in Käfigen, die an den Fensterrahmen befestigt waren, ihr Leben fristeten. Ich glaube es waren vor allem

Meisen in allen Farben. Manchmal pfiff er ihnen was vor und sie gaben Antwort. Wir hatten auch einen Wellensittich, der immer wenn er herausdurfte aus seinem Käfig, versuchte auf der Glatze vom Opa zu landen.

Da beide Elternteile arbeiten gingen wuchs ich bis zu meinem 6ten Lebensjahr in der Obhut dieser beiden alten Menschen auf. Was im Nachhinein betrachtet eine tolle Sache war. Ich ging mit meiner Oma einkaufen, mit dem Opa in den Park spielen und bei schlechtem Wetter ins Wirtshaus. Dort gab es dann einen kleinen Himbeersaft für mich. Für den Opa einen Gespritzten. Auch machte ich mit den Großeltern Ausflüge in die nähere Umgebung von Wien. In den Wald. Dort wurden Schwammerl gesucht, Himbeeren, Heidelbeeren und Walderdbeeren gepflückt. Die Ausbeute dieser Ausflüge wurden dann von der Großmutter zu verschiedenen Köstlichkeiten verarbeitet.

Die Oma kochte gut - und ich aß nicht. Ich aß zumindest nur bedingt, nach großer Überredungskunst und nur was mir schmeckte. Erdäpfelpürree mit Extrawurst. Kein Gemüse. Die Oma kochte mir was mir schmeckte und hatte dann immer Knatsch mit meiner Mutter, die die These vertrat: Es wird gegessen was auf den Teller kommt. Ich musste nie Hunger leiden. Und ich habe keine Erinnerung daran, dass es mir an etwas gemangelt hätte. Schokolade gab es einmal die Woche - am Freitag. Einen Riegel BENSDORP-Schokolade um einen Schilling. Am Freitag bekam der Papa Lohn. In einer Tüte, Lohnstreifen inbegriffen.

Mit meinen Eltern ging ich am Wochenende oft ins Grüne. Im Frühjahr und Herbst machten wir Ausflüge in den Wienerwald oder fuhren mit der Bahn in die Berge zum Wandern. Im Sommer zum Baden in die „Lobau", ein Au-Gebiet der Donau bei Wien. Es war ein Nacktbadeplatz zu dem wir gingen. Dort stand auch unser Zelt, in dem wir übernachteten, wenn wir länger Zeit hatten. Auch den Urlaub verbrachten meine Eltern mit mir dort. Es standen dort mehrere Zelte, es war eine größere Gruppe von Freunden meiner Eltern, die gemeinsam

18

diesen Zeltplatz gestaltet hatten. 1954 war eine große Überschwemmung, da wurde alles weggeschwemmt.

1956 zogen wir in eine eigene Wohnung. In dieser Wohnung hatten wir mehr Platz: Zwei Zimmer, Küche, Bad, Klo und Vorzimmer. Und sie wurde von meinen Eltern teilweise mit den Möbeln aus dem Kabinett eingerichtet, im Wohnzimmer wurden Regale vom Vater selbst gemacht und der Rest wurde neu gekauft und auf Raten abbezahlt. Wir kamen uns vor wie die Königskinder. Das Schönste war das eigene Bad und das Klo. Kein Nachttopf mehr und die Gänge zu "Tröpferlbad" entfielen auch.
Dieser Umzug fiel mit meiner Einschulung zusammen. Ich war eine gute Schülerin. Ich ging gerne zur Schule. Immer. Die ganze Schulzeit. Ich hatte in der Volksschule immer nur lauter Einser im Zeugnis. Warum ging ich nicht aufs Gymnasium? Ich wollte Kindergärtnerin oder Krankenschwester werden, bevor ich das wurde was ich heute bin. Diese Berufe hätte ich allerdings erst mit 18 Jahren lernen können, aber ich machte nur die Hauptschule, und was macht man zwischen 14 Jahren und 18 Jahren. Diese Frage hätte sich nicht gestellt wäre ich ins Gymnasium gegangen. Aber warum soll ein Mädchen auch ins Gymnasium gehen, meinte meine Mutter. Sie war auch ein gescheites Mädchen und ging nur in die Hauptschule. Außerdem wollte sie so und so nie ein Mädchen, ein Bub wären ihr lieber gewesen.

Nach Abschluss der Schule sollte ich Verkäuferin werden. Das war mir zuviel. Ich setzte durch, dass ich in die Modeschule im Schloss Hetzendorf gehen durfte. Wir waren damals in dieser Schule nur Mädchen. Ich war die Jüngste in der Klasse - die anderen waren alle schon zwei, drei Jahre älter als ich. Wir hatten trotzdem viel Spaß zusammen. Ich merkte allerdings auch bald, dass ich mit Mode überhaupt nichts am Hut hatte. Ich bin dort nur hingegangen weil ich gerne gezeichnet habe - und es auch gut konnte.

Im Laufe der Jahre stellte sich immer mehr heraus, dass der Wunsch im Sozialbereich zu arbeiten immer stärker wurde. Heute bin ich staatlich geprüfte Altenpflegerin,

Sozialmanagerin, Lebensberaterin. Ich bin also doch noch geworden was ich schon immer wollte, aber es hat lange gedauert.

Ich wollte eigentlich nie eigene Kinder. Ich habe alles getan keine zu bekommen, bevor ich sie bekam. Ich war einer der ersten Frauen, welche die Pille nahmen. Ich wollte ausziehen von zu Hause, aber ich hatte kein Geld dazu. Ich wurde schwanger, habe geheiratet und bin von zu Hause ausgezogen. Auch ein Weg von zu Hause weg zu gehen. Von einem zu Hause, wo kein Platz für einen ist, keine Ecke einem selbst gehört, wo man die Ordnung der Eltern hält, nicht die eigene Ordnung
Dann wollte ich eine Tochter - bekommen habe ich einen Sohn. Die Tochter wollte eigentlich mein Mann und ich wollte sie ihm schenken. Meine Mutter war glücklich, endlich ein Bub. Mein Mann wollte die Tochter, weil Männer zum Heer müssen und Frauen nicht. Dann bekam ich eine Tochter, weil ich meinen Mann glücklich machen wollte. Ich hätte es besser wissen sollen.

Dann wollte ich mich scheiden lassen, weil er mich regelmäßig verprügelt hat, aber ich konnte alleine nicht leben, mit ihm allerdings auch nicht. Ich war verrückt nach seinem Körper, nach seinem Sex, in einer Zeit wo noch keiner wirklich über Sex sprach. Das war nicht die letzte Sucht mit der ich fertig werden musste. Nur wusste ich damals noch nicht , dass dies eine Sucht ist. Diese Sucht verhalf mir zu meinen dritten Kind. Denn eigentlich verabscheute ich meinen Mann und ich wollte wirklich nicht mehr mit ihm schlafen, ich wollte nur mehr die Scheidung, und ich nahm keine Pille mehr, aber ich wollte seinen Körper und ich wollte Sex. Ich bekam die Scheidung drei Jahre später, es war ein harter Weg dort hin, und in der Sucht nach seinem Körper wurde ich noch einmal rückfällig, nach sieben Jahren, seit dem bin ich clean.

Sucht begleitete mein ganzes bisherige Leben. Die Alkoholsucht meiner Eltern, die Alkoholsucht meines Mannes und die Süchte meiner Kinder, ganz zu Schweigen von meinen eigenen. Vielleicht habe ich Entzugserscheinungen

20

und es geht mir deswegen so schlecht. Es umgeben mich keine Süchte mehr. Meine eigenen Süchte habe ich bezwungen und alle anderen Süchtiger haben sich verabschiedet. Ich bin nicht mehr selbst süchtig ich war coabhängig und nun habe ich Entzugserscheinungen.

Diese Erkenntnis kann mich zu meinem Selbst führen, vielleicht.

### Meine weiblichen Vorfahren

Vielleicht sollte ich um mein Selbst zu finden ein bisschen aus dem Leben meiner weiblichen Vorfahren erfahren. Und da beginnen die Schwierigkeiten. Mir wird bewusst, dass ich sehr wenig aus dem Leben meiner Großmütter und meiner Mutter weiß. Wer war meine Mutter wirklich. Was war Schein was Realität oder besser Wahrheit. Wer war sie, wer die Frau, die meine Mutter war. Meine Mutter und ihre Erzählungen aus ihrer Kindheit, ihrer Jugend. Sie hatte acht Geschwister, vier Schwestern und vier Brüder, drei der Brüder fielen im Krieg. Meine Mutter bestand aus lauter Widersprüchen. Sie wurde von ihrer Mutter sehr nationalistisch erzogen. Es wurde meiner Mutter und ihren Schwestern, von meiner Großmutter verboten Fremdsender zu hören. Warum? Aus Angst oder Überzeugung?
Sie erzählte oft wie sehr sie ihren Vater liebte, der ihr verzieh, wenn sie beim Fußballspielen Fensterscheiben einschlug und alles bezahlte. Der gleichzeitig aber sehr gewalttätig war und Alkoholiker. Dass er seine kleine Tochter samt Nachttopf aus dem Fenster warf, seinen Sohn mit dem Gürtel schlug, weil er die Frau die er geschwängert hatte nicht heiraten wollte, auch diese Dinge erzählten sie von ihrem Vater. Er beging 1949 Selbstmord, er erhängte sich. Laut Aussage meiner Mutter war die Großmutter schuld. Wieso? Sie hatte sich schon 20 Jahre davor von ihm getrennt. Wieso hatte er so eine Verfügungsmacht über die Kinder? Sie ging in eine Klosterschule, die bezahlte der Vater ihrer Freundin, der war Jude - so hat sie erzählt. Sie hatte also jüdische Freundinnen. Gerade das Kloster war aber auch rotes Tuch für meine Mutter. Sie ließ kein gutes Haar an dieser Schule.

Mit siebzehn stürzte sie beim Klettern von der "Hohen Wand", einen Berg nahe bei Wr. Neustadt - dem damaligen Wohnort meiner Mutter - ab und brach sich sämtliche Gliedmaßen und das Rückrad, musste ein Jahr im Krankenhaus verbringen, wurde von Klosterschwestern gepflegt, lag im Wasserbett und musste wieder gehen lernen, und dies alles um einen Mann zu beweisen, dass sie ihm ebenbürtig ist. Mit achtzehn Jahren wurde sie eingezogen. Wohin und als was entzieht sich meiner Kenntnis. Einmal sagte sie, sie war bei der Gestapo. Warum und wieso, weiß ich nicht.

Im Krieg wurde sie verschüttet, unter dem Balkon der Militärakademie in Wr. Neustadt. Einer jüdischen Freundin borgte sie ihre Uniform damit diese mit ihrem Kind spazieren gehen konnte. Davon hatte sie mir ein Bild gezeigt. Sie hatte einen Verlobten dessen Vater Grieche war. Dann erzählte sie von Einsätzen als Krankenschwester hinter der Front, wo Ärzte und Krankenschwestern in die offenen Wunden der Verwundeten pieselten, weil sie kein Desinfektionsmittel hatten. Wie sechzehnjährige Jungs in der Früh zur Front gefahren wurden, und am Abend schwer verletzt wieder zurück kamen, und nach der Mutter schrien. Wie sie mit einem Arzt, meinem Vater, der Grieche und Kommunist war, aus dem Konzentrationslager Mauthausen floh um über die Enns zu kommen, zu den Russen, kurz bevor die Amerikaner das Lager befreiten. Diese Frau konnte gut russisch, das weiß ich, ich habe es gehört. 1945 bekam sie ein Kind von meinem Vater unehelich - bei den Klosterschwestern. Mein Vater ging zurück nach Griechenland , er kämpfte im Bürgerkrieg. Alles an Wertgegenständen was aus dem Krieg gerettet wurde, ging drauf für die Babyausstattung und den Kinderwagen. Sie kam mit den russischen Besatzern gut zurecht. Sie bekamen die Wohnung in Wr. Neustadt wieder. Sie ging nach Wien, meine Schwester blieb in Wr. Neustadt bei der Familie. Sie hat am "Brunnenmarkt" in einer Gastwirtschaft als Bedienung gearbeitet. Sie lernte meinen sozialer Vater kennen, zog zu ihm. 1948 war der Bürgerkrieg zu Ende, mein Vater musste aus Griechenland hinaus. Die Kommunisten hatten den Bürgerkrieg verloren. Der "Brunnenmarkt" war ein Treffpunkt vieler Griechen. Er war da, sie war da. Sie wurde von ihm schwanger.1949 wurde ich gezeugt.

Als ich viele Jahre später – genau genommen im Januar 1986 - dann einen griechischen Mann kennenlernte gab es die Aussprüche von meiner Mutter, wie: Ich warne dich vor griechischen Männern. Nach meiner Erkenntnis, sind sie nicht schlimmer als alle anderen Männer nur anders, aber als dieser Ausspruch kam, da war ich schon 36 Jahre alt und hatte einen griechischen Freund. Da erfuhr ich, dass mein Vater nicht mein Vater ist. Und dass mein Vater ein Grieche, ein Mann einer anderen Kultur ist, und von heute auf morgen sollte ich oder wollte ich zwei Kulturen in mein Leben integrieren.

Was von meiner Zeugung weg noch Wahrheit oder Lüge war ist mir unklar. Wem sie belog, und wer die Wahrheit wusste, will ich nicht mehr wissen. Es ist diese Art Trauma, die ich besser nicht bearbeite, weil es nichts bringt. Es wäre so viel Leid. Zu minderst kann ich es nicht verkraften, der Schmerz sitzt zu tief. Ich trage nur seit zirka vierzehn Jahren Stück für Stück meiner Identität wie ein Puzzle zusammen. Kurz bevor meine Mutter starb konnte sie mit einem Teil ihrer Lebenslüge nicht mehr fertig werden und übergab sie mir als Erbe. Und seit dem werde ich schön langsam eins.

Durch viele Gespräche mit meinen Klientinnen lernte ich die Grundhaltung, die viele Frauen nach dem Krieg hatten, kennen und auch zum Teil verstehen: Sie wollten Sicherheit. Ein Mann den sie leidenschaftlich lieben passte nicht in das Konzept. Wichtig ist ein Mann der ihnen Sicherheit bietet.

Meine Mutter hat ihr Leben lang gearbeitet, tat alles was sie konnte für mich, ich litt nie Hunger, war immer toll angezogen und hatte ein sauberes zu Hause. Ihr ganzes Leben hätte ich ihr nie vorwerfen können, dass sie materiell nicht alles für mich getan hat, bis zu Letzt.

Als sie und mein Stiefvater eine eigene Wohnung hatten durfte ich manchmal zu ihr ins Bett, wenn ich schlecht geträumt hatte. Ich habe immer im Zimmer meiner Eltern geschlafen und außer dem Geschnarche meines sozialen Vaters drangen keine Laute zu mir. Bis heute frage ich mich, wann oder ob diese beiden Menschen, seit ich geboren war, je Sex miteinander hatten und wie oft davor.

Meine Großmutter väterlicher Seite besteht nur in meiner Phantasie. Ich lernte sie nicht kenne. Sie besteht nur als ein Bild der griechischen Frau dieser Generation, die ich bei meinen Aufenthalten in Griechenland kennengelernt habe. Und hier sitzt der Schmerz, in dieser Erkenntnis.

Die Großmutter mütterlicher Seite ist in meiner Erinnerung eine Frau mit einem großen Busen in dem ich jedesmal versank, wenn sie mich an sich drückte. Aus den Erzählungen meiner Mutter ist sie eine Frau die sich um ihre Kinder nicht kümmert, die eine schlechte Mutter war. Aber was die Erzählungen einer Tochter in diesem Bezug wert sind, weiß ich aus eigener Erfahrung.
Es ist belegt, dass Sie vier mal verheiratet war, dass sie elf Kinder geboren hat, im Dritten Reich das Mutterkreuz bekam und dass ihr erstes und ihr jüngstes Kind unehelich waren.
Und dann gibt es die Dinge, die im Vorbeigehen erzählt wurden. Dass sie eine Tochter im Dritten Reich denunziert hatte, da diese Feindsender hörte, dass sie wunderschöne Handarbeiten herstellen konnte - sie konnte toll handarbeiten: Stricken, Häkeln, Sticken. Der Vater ihres letzten Kindes Italiener war, sie war in der Psychiatrie.......
Ich weiß nicht wann sie gestorben ist, nicht aus meiner Erinnerung heraus, sie war nur sehr wenig wirklich da.

Dann war da noch meine Stiefgroßmutter, von meinem sozialer Vater die Mutter. Sie prägte mein Leben. Sie war da. Sie kochte was ich liebte, bei ihr durfte ich im Bett schlafen, sie war in der Dunkelheit da, wenn ich Angst hatte und sie hatte viel Streit mit meiner Mutter. Meine Mutter war eifersüchtig, das weiß ich heute, denn diese Stiefgroßmutter war lange meine soziale Mutter.

Mir hat vor kurzem eine junge Frau gesagt: Wir stehen auf den Schultern unserer Ahninnen. Aber wie breit und wie stabil sind diese Schultern? Und auf welcher Grundlage basieren diese Schultern?

24

## Meine weiblichen Familienmitglieder

Ich habe eine Tochter und ich liebe sie sehr und es tut so weh, wenn ich überlege, wieviel ich nicht gesagt habe, als sie klein war. Ich erinnere mich an einen Tag, wo sie ihr Vater so verprügelt hat, und ich so Angst bekam, dass ich den Arzt rief. Und da wiederholt sich die Geschichte, auch sie liebte ihren Vater abgöttisch. Sie versuchte mich nach der Scheidung zu erpressen. Ich müsse ihren Vater zurückholen, sonst würde sie aus dem Fenster springen. Sie lebt heute noch und ich habe ihren Vater nicht zurückgeholt. Jetzt ist sie erwachsenen und beginnt langsam ihren Vater so zu sehen wie er ist, oder täusche ich mich da.

Ich habe zwei Schwiegertöchter, eine Ex und eine die ist vorhanden, und von beiden kommt nichts Gutes für mich. Die Vorwürfe meines älteren Sohnes, alles falsch gemacht zu haben untermauern sie und gießen noch Öl ins Feuer. Bei beiden Frauen erfuhr ich erst viel später, dass er sie geheiratet hat. Dies zeigt wie er zu seiner Entscheidung steht. Dann habe ich noch eine Enkeltochter, der kann ich keine richtige Großmutter sein. Wie viele Versuche ich gestartet habe ihr eine Großmutter zu sein, die meine Ex-Schwiegertochter erfolgreich abgeblockt hat, habe ich aufgehört zu zählen,

## Die männlichen Familienmitglieder

Mein Schwiegervater hat alle seine Schwiegertöchter angegrapscht, mich hat er nicht nur angegrapscht, mich hat er vergewaltigt. Mein wahrheitsliebender großer Sohn würde jetzt sagen: "Warum ich es nicht erzählt habe?" Weil er mich erpresst hat mit dem Wissen, dass ich einen Liebhaber habe. Meine Schwiegermutter wusste welch Mensch er ist. Sie schwieg. Das Übel ist aber, dass sie noch heute schweigt, die Nase hoch hält und tut als sei sie etwas besonderes. Er ist tot. Auch böse Menschen müssen sterben. Ob ich ihm je verzeihen kann?
Diese Woche habe ich einen Bericht im Fernsehen gesehen, welch große Anzahl von Frauen von männlichen Familienmitglieder zum unfreiwilligen Geschlechtsverkehr gezwungen werden! Viele! Was heißt das eigentlich zum

Geschlechtsverkehr genötigt? Ich kann diese Frage nicht vergessen und nicht verdrängen. Mich schüttelt es, wenn ich an diese Situationen denke. Am meisten schmerzt es mich, wenn ich daran denke wie wenig Kraft ich hatte mich dagegen zu wehren – und dafür schäme ich mich – für die wenige Kraft die ich hatte - und wie ich dafür verurteilt werde, nicht er. Ich bin die schlechte. Wie es mich belastet zeigt schon die Tatsache, dass ich dieses Familienmitglied an erste Stelle setze. Diese Wut die in mir brodelt! Meine Weiblichkeit wurde verletzt und sie ist noch immer verletzt und sie erholt sich nicht, da eine Verletzung nach der anderen erfolgte.

Mein sozialer Vater war ein guter Mann. Er hat geputzt und gekocht er war für die Zeit in der wir aufwuchsen sehr fortschrittlich.

Mein Großvater mütterlicher Seite war nicht vorhanden, der hat sich umgebracht.1949. Und meine Stiefgroßväter die meine Großmutter mütterlicher Seite dann ins Haus brachte, blieben mir weitgehend unbekannt, so wie meine Großmutter auch. An eines kann ich mich erinnern, einmal zu Weihnachten hatte mir einer dieser Großväter eine Puppen-stube gezimmert und auch die Einrichtungsgegenstände selbst gemacht.

Stiefgroßvater Nummer zwei (Vater meines Stiefvaters) war ein alter Mann, der Vögel züchtete und in einer Ecke des Zimmer die dazugehörige Nahrung, nämlich Mehlwürmer. Außerdem ging er mit mir regelmäßig in den Park auf den Spielplatz. Er schlief immer in langer Unterhose und Hemd und wechselte dies nur einmal in der Woche. Er trank sehr viel, hielt Mittagsschlaf und hatte eine Glatze. Die hatte er schon mit vierzig. Ich mochte meinen Stiefgroßvater. Er war zu mir nie böse. Die Großmutter musste allerdings einiges in Kauf nehmen. Sie musste ihn rasieren, Krawatte binden und auch die Schuhe zuschnüren. Ob das altersbedingt war oder seine Art sie zu unterdrücken weiß ich nicht. Er war es, der meine Mutter dazu brachte, mich nicht mehr in den ungeliebten Kindergarten zu schicken. Womit, weiß ich nicht, und warum ich dort nicht hin wollte, weiß ich auch nicht mehr.

26

Nun habe ich die nächste Generation männlicher Familienmitglieder, meine Söhne, ich habe zwei - und die setzen die Verletzung meiner Weiblichkeit fort, solange wie ich es mir gefallen lasse. Nun bin ich aber bald fünfzig und sollte mich endlich wehren. Da telefoniere ich mit einem erwachsenen Sohn und der ist eifersüchtig auf einen Neunzehnjährigen, nämlich seinen kleinen Bruder. Auf den Fotos kennst du oder ich die beiden als sie klein waren kaum auseinander. Ich muss überlegen wer ist wer. Ich liebe sie beide, sie sind wie Tag und Nacht. Oder doch nicht? Diese Woche habe ich mir zwei mal von meinem großen Sohn sagen lassen müssen, was ich alles falsch gemacht habe. Ich würde mich der Wahrheit nicht stellen. Welcher Wahrheit stellt er sich, wenn er schon heute nicht mehr weiß wie er mit neunzehn war.

**Ich muss mein Selbst finden**

**Wie sucht man sein Selbst**
Ich bin zu der Erkenntnis gekommen, dass ich mein Selbst schon seit Jahren suche und Teile davon auch vorhanden sind, aber einiges ist noch im Untergrund und im Moment bin ich auch mit trauern beschäftigt. Trauern kann man ja nur wenn Teile von einem vorhanden sind, sagt Verena Kast in ihren Büchern. Aber die Suche nach den verschütt gegangenen Teilen muss beginnen. Wer bin ich wirklich, und wer war ich, bevor ich die wurde, die ich heute bin.

Ein intelligentes Mädchen, das war ich. Ich zog mir sämtliche Bücher rein die ich nur finden konnte. Es war auch viel Schund dabei und viel Lebenslüge. Ich durfte selten lesen, ich schwänzte sogar die Schule um zu lesen. Ich lese auch heute noch mit Begeisterung, weniger Schund mehr Fachbücher es entspricht mir heute mehr.

Ich konnte ganz gut zeichnen. Ich zeichnete gerne, ich durfte es selten. Es machte zu viel Unordnung, wenn man malt. Sagte meine Mutter. Ich sagte es später auch zu meinen Kindern, nicht lange, aber eine Zeit. Heute kann ich wieder zeichnen und malen aber es hat lange gedauert bis ich selbst diese "Unordnung" ertragen habe. Ich fotografiere auch.
Ich hatte immer wenig Geduld, heute habe ich mehr, aber nur ein bisschen. Wenn was nicht gleich klappt kann ich mich besser beherrschen, vielleicht macht das auch das Alter. Ich hatte auch wenig Ausdauer, ich wollte alles sofort haben, heute weiß ich, dass dies nicht geht. Ich muss was tun.
Was mich am meisten belastet ist, dass ich das Gefühl habe wir leben oder ich lebe mit einem Familiengeheimnis, das ich nicht mehr in der Lage bin vollständig aufzuklären. Mich verfolgt bis heute das unangenehme Gefühl, dass bei uns immer etwas verschwiegen wurde. Und es wird auch nicht möglich sein dieses Geheimnis aufzuklären, mein Mutter und mein sozialer Vater sind tot. Und manchmal frage ich mich, will ich wirklich etwas aufklären, könnte ich den Schmerz der dann folgte wirklich ertragen?

28

Mein Haus bzw. meine Wohnung ist leer, ist auch meine Seele leer? Ich habe soviel Zeit endlich das zu tun wozu ich die ganzen Jahre nicht kam. Ich wollte soviel verändern, meine Garderobe, mein Körper braucht Zuwendung und Pflege. So viele Ideen schwirrten in meinem Kopf und mir fehlt einfach die Energie, und manchmal das Geld. Aber ist das nicht nur eine faule Ausrede? Was steckt wirklich dahinter? Alles war vergraben. Ich hatte das Gefühl meine Kreativität wurde irgendwann zugeschüttet, mit dem Ordnungswahn meiner Mutter. Ich spüre den Schmerz, wenn ich diese Worte schreibe und die Tränen rinnen aus meinen Augen. Ich trank zu viel Alkohol um mich zu betäuben und ich hing nur mehr vor dem Fernseher. Ich vergrub mich zu Hause, ich hatte Angst vor Menschen, die meine Ordnung stören. Wer bin ich, was will ich, was braucht mein Körper, meine Seele, dass beide im Gleichklang in Harmonie zusammen klingen. Mach eine Liste und versuch es zu verwirklichen, sagt meine innere Stimme. Wie gut, dass die mir noch manchmal sagt wo der Weg lang geht. Ich bedankte mich bei ihr und verschob die Liste auf später, aber ich verschob sie nur und vergaß sie nicht. Du innere Stimme, ich liebe dich sehr.

**Der Dialog mit der inneren Stimme**
Was möchte ich für mein Äußeres verändern: Naturbekleidung, muss ich selbst nähen, sonst zu teuer und in meiner Größe auch nicht immer auffindbar. Ich will nicht nähen, jauchzt da eine destruktive Stimme. Warum willst du nicht nähen? Da geht meine Ordnung kaputt oder doch nicht? Du musst einen Platz dafür finden, du musst eine Lösung finden, sonst gehst du kaputt. Vielleicht soll ich mit Dingen die mir Spaß machen soviel Geld verdienen, dass ich das wozu ich keine Lust habe machen lassen kann. Vielleicht gehe ich in einen Tauschpool.
Kreolen müssen her und Bernsteinohrringe und zwar zwei. Die Zeit der einzelnen Ohrringe ist vorbei. Es kommt die Zeit der Ausgeglichenheit. Schmuck muss selbst gemacht werden.
*"Du musst deine Ideen aufschreiben. Du hast zuviel im Kopf, du musst deine Gedanken ordnen."* Wie ordnet man Gedanken? *"Schreib sie auf."*

*"Dein Körper bedarf einer Generalsanierung meine Liebe."*
Nicht nur mein Körper. Wo bedarf er ganz dringend einer Sanierung und womit fang ich an. *"Du hattest so gute Gewohnheiten meine Liebe"*, sagt mir meine innere Stimme. *"Jeden Tag Yoga ein bisschen, reiß dich am Riemen. Zehn Minuten meine Liebe und vielleicht nicht erst morgen! Und vielleicht hin und wieder schwimmen meine Liebe und einmal in der Woche Sauna und Solarium meine Liebe, statt der Flasche Wein, falls du auf die Idee kommst, das Geld ins Spiel zu bringen. Erst Yoga und schwimmen.*
*Die ätherischen Öle und die Bachblüten und all das Wissen wo setzt du das eigentlich um?"*
Was willst du noch alles? frage ich in mich hinein. *"Das du endlich du selbst bist, die kreative Frau die du immer warst, wenn es um Andere ging. All das Wissen setzt du jetzt um für dich! Jetzt gleich, jetzt sofort ist der Beginn!* Ich habe schon begonnen, ich schreibe alles auf."

**Die beiden Teile in mir**

Ein Teil von mir ist Griechin und ein Teil von mir ist Österreicherin bzw. Wienerin. Wobei ich zu der Erkenntnis kam, dass Wienerin nicht gleich Österreicherin ist.

Wo bin ich nun Griechin und wo Wienerin? Griechin bin ich auf jeden Fall beim Essen, bei der Bekleidung, bei meiner Art mit Männern umzugehen, mein Stolz. Musik und Tanz, Bauchtanz. Wobei die Griechin in mir weiß, dass dieser Tanz gesund ist für Körper und Seele Die Wienerin ist da, wo ich gleiches Geld für gleiche Arbeit fordere, wo ich die gleichen Rechte wie ein Mann will. Wo mir dann wieder auffällt, wie emanzipiert sind eigentlich Männer? Es ist sicherlich so, dass sie mehr verdienen als wir, dass sie den männlichen Anteil in uns und den weiblichen bei sich selbst unterdrücken, aber um welchen Preis? Um den Preis, dass sie emotional zu Grunde gehen. Sie sind Wracks die an der Materie hängen und ihre weiblichen Anteile nicht leben. Die sind aber notwendig um mich selbst zu versorgen, um auf sich selbst zu sehen. Zurück zu meinen beiden Anteilen. Wo bin ich Griechin wo bin ich Wienerin und wie lebe ich diese Anteile? Um mein Selbst zu finden, müssen diese beiden Anteile in Harmonie miteinander korrespondieren. Aber ich habe auch einen männlichen und einen weiblichen Teil in mir und auch die müssen korrespondieren.

Die Griechin in mir kommt auch oft durch äußere Umstände ins wanken. Da kommt mein Sohn Giorgos, der mir mit einer Seelenruhe erklärt, der Name „ Savvas" - welcher der Name meines Vaters ist - heißt auf türkisch Krieger. Nun bin ich dazu verurteilt heraus zu finden wie ein Grieche zu diesen Namen kam.

**Mein Thema: Wurzeln**
Woher komme ich? Da habe ich ja schon einiges zu-
sammengetragen, aber das Thema taucht in regelmäßigen
Abständen wieder auf.

Was mir fehlt ist diese Bodenständigkeit, diese Verbundenheit
mit einem Stück Erde auf dem ich geboren bin. Das ist mir
gestern aufgefallen, nachdem ich mir eine Sendung über
Menschen angesehen habe, die total mit der Heimat
verbunden sind. Kannst du nur dann fliegen lernen wenn du
genug verwurzelt bist oder hindert dich dies am fliegen?

**Zu hause fühlen**
Zum ersten Mal habe ich mich zu hause gefühlt, als ich in
Griechenland/Mytilini gelandet bin mit dem Flugzeug aus Wien
kommend. Nikos Laddas hat mich mit Georgios den Taxifahrer
vom Flughafen abgeholt. Nikos hat mich bei Georgios ins Taxi
gesetzt und wir fuhren Richtung Plomari. Am Golf von Kalloni
ist er stehen geblieben und wir sind ausgestiegen. Ich habe
über die Landschaft geschaut - über den Gold von Kalloni,
über die Bucht, die das Meer bildet - ich habe den Geruch
Griechenlands in der Nase gespürt - diesen Geruch aus Meer,
Gewürzen, Kräutern - und ich habe gewusst, hier bin ich zu
hause. Mir kommen heute noch die Tränen wenn ich an
dieses Gefühl denke. Ich wollte nie mehr von dort weg.

**Wonach hab' ich Sehnsucht?**
Nach einem gemütlichen Kaffeehaus, in das ich an meinen
freien Tagen schon in der Früh hingehen kann, meinen Kaffee
trinken und ein Kipferl essen, meine Zeitunglesen vorm
einkaufen gehen'. In das ich manchmal zu Mittag gehen kann
um was zu essen, ein kleines Gulasch mit einer Semmel oder
eine Gulaschsuppe und ein Seiterl Bier oder auch nur einen
Pfiff. In das ich am späten Nachmittag oder am frühen Abend
gehen kann mein Glaserl Rotwein trinken, so nach der Arbeit,
ein bisschen Musik laif hin und wieder oder eine nette Lesung.
Nach so was hab' ich Sehnsucht. Und dies gleich ums Eck.
Das heißt dann: **In der Fremde Wien vermisst**

Dann hab' ich wieder Sehnsucht nach Wasser, nach Strand, nach südländischer Musik, nach Cappuccino, die Beine weit von mir gestreckt, die Luft tief einatmen die nach Meer riecht, die Sonne einsaugen, die Menschen beobachten und lesen. Am Abend eine Taverne mit gutem Essen und Musik und Lärm und Leben. Danach habe ich auch Sehnsucht.

Das heißt dann: **In München Griechenland vermisst**

Dies beschreibt die zwei Teile in mir.

Zeitgleich zu meinen Ergüssen erschien im „die Standart" der Artikel einer Frau die viel im Ausland unterwegs ist:

**In der Fremde Wien vermisst**
**Geistesblitz:** Barbara Herzog-Punzenberger forscht EU-weit zu Migration
Eine fixe Stelle an der Universität dem Dasein als freie Wissenschaftlerin vorziehen? Nein. Barbara Herzog-Punzenberger lacht laut auf. Sie dockt lieber immer wieder bei verschiedenen Stellen - Ministerien, Forschungsvereine, EU-Institutionen - an, um sich als freie Forscherin mit Themenschwerpunkt Migrations- und Einwanderungspolitik über Wasser zu halten. Sie ist überzeugt, die EU ist ein Segen für Wissenschaftlerinnen in Österreich, weil sie Unabhängigkeit von nationalen Förderstellen beschert.
Einfach sei es trotzdem nicht, als Freie Forschungsprojekte anzuleiern und dafür komplizierte EU-Anträge zu durchschauen. Was da an Zeit und Geld zu investieren sei, "das wird einem nie abgegolten".
Derzeit ist die Ethnologin ("Ich habe mich schon während des Studiums für das Fremde interessiert") am Wiener Zentrum für soziale Innovation (ZSI) tätig. Dieses Zentrum wurde von Privaten als Forschungsverein gegründet, ist als Institut mit der Universität für Bodenkultur in Wien assoziiert.
Stress ist momentan ihr Begleiter. Herzog-Punzenberger formuliert gerade am Endbericht für ein EU-Projekt. Das nächste Großprojekt wartet schon darauf, umgesetzt zu werden. Die Wände ihres Büros sind mit Flipchart-Papier tapeziert. Darauf steht, dick mit bunten Filzstiften geschrieben, das Konzept zu einem Sechs-Länder-Vergleich über

"Zugehörigkeit und Identität" von Migranten. "Wir schauen uns an, wie in jedem Land die Zuwanderung reguliert ist und welche Mechanismen der sozioökonomischen Zugehörigkeit wirken", erklärt die gebürtige Oberösterreicherin. Diese Studie wird als Grundlage für Entscheidungen der Europäischen Kommission in Sachen EU-Einwanderungsgesetze dienen.
Die Forscherin erzählt mit Temperament. Es sprudelt nur so aus ihr heraus. Sie lacht viel. Genauso wie sie nach außen sprüht, explodiert sie, wenn der Ärger zu groß wird. Ihre Umwelt bekomme das öfters zu spüren, gesteht sie. Redet sie über das Verhalten von Österreichern gegenüber Einwanderern, schüttelt sie den Kopf. Ärgerlich, was ihr da an Intoleranz und Unwissenheit sogar im Supermarkt entgegenschlägt.
Dagegen hat sie Kanada positiv erfahren. Als Gastforscherin an der Universität von Calgary war sie bis vor kurzem selber eine Fremde. Sie habe bemerkt, welchen Stellenwert dort Bildung und Schule haben - und eine den Schülerinnen und Schülern vermittelte offene Haltung gegenüber dem Unbekannten. Das würde sie sich als engagierte Elternvertreterin für unser Land auch wünschen.
Die Alleinerzieherin und ihre dreizehnjährige Tochter, die sie nach Kanada begleitet hat, haben Wien vermisst. Die Freunde, Museen und Ausstellungen, das gemeinsame Musizieren. Zu ihrer Lebensqualität gehört es, dass sich die beiden austoben können. Da tanzen Mutter und Tochter schon einmal gemeinsam durch die Wohnung. Popsängerin Anastacia singt dazu von der CD. Politisch zu denken, das habe sie im Linzer Elternhaus mitgekriegt. Dort wurde viel diskutiert. Durch Hierarchien ist die energische Frau nicht zu beeindrucken. Zivilcourage und wie man gerechte Lösungen sucht, das hat ihr der Vater vorgelebt. Sie hat als Schulsprecherin dann selber versucht Anliegen durchzusetzen. Vor diesem Hintergrund ist auch ihr Motiv, wissenschaftlich zu arbeiten erklärbar: "Damit will ich aufzeigen, wo es gesellschaftliche Ungerechtigkeiten gibt."
(Andrea Waldbrunner/DER STANDARD, Printausgabe

**Ich bin eine halbe Migrantin in erster Generation**

34

## HEIMATGEFÜHL

Aufgegabelt im Burgenland, Mystik im Waldviertel, Von den Kletterfelsen zu den Weinbergen

Wenn ich mir im Fernsehen die Berichte anschaue über das Burgenland, das Waldviertel, den Bericht über den Weg von der Hohen Wand in die Südsteiermark, und ich sehe wie schön es dort ist, und ich denke daran wie selbstverständlich es früher war für mich dort hinzufahren, es vor der Haustüre zu haben, jederzeit erreichbar, selbstverständlich einfach dass es da ist.

**Wo sich Griechenland und Österreich vereinigt dort will ich hin.**

Wenn man jung ist, nimmt man alles so selbstverständlich. Die Schönheit eines Landes, die Schönheit eines Tages. Ich weiß noch wir waren auf den Weg zur Hohen Wand, als irgendwelche Terroristen ein Flugzeug gekapert hatten und wir kamen zurück aus dem Burgenland als wir davon hörten, dass die Reichsbrücke eingestürzt war. Gnadenlos griff die Realität ein in unser Leben. Ich kann mich noch erinnern wir fuhren die Straße entlang als wir im Autoradio die Nachricht von dem entführten Flugzeug hörten. Sie waren gerade dabei die Geisel zu befreien. Der Kapitän war erschossen worden. Und wir hielten an der Kreuzung in Schwechat, als die Zeitungsverkäufer eine Sonderausgabe verkauften, in der vom Einsturz der Reichsbrücke berichtet wurde. Wir haben geglaubt es ist ein Scherz. Dass so etwas passieren kann, nie wäre ich auf so eine Idee gekommen. Wir fuhren hin. Es waren Massen von Menschen, die die Einsturzstelle sehen wollten. Und all diese Erinnerungen löst ein Bericht im Fernsehen über das Burgenland und die Hohe Wand aus.

Seitenweise Erinnerungen an die Hohe Wand, an das Burgenland und an das Waldviertel. Das letzte Mal war ich im Waldviertel mit meinem Sohn Thomas, auf dem Motorrad. Wir beide fuhren mit dem Motorrad ins Waldviertel. Mit dem Rudi - meinem ersten Freund - war ich viel im Waldviertel. Es zog ihm immer wieder hin. Nach Hardegg, nach Zwettl, zu unserer Mühle.......im Schlafsack, zwei Tage ohne sich zu waschen, Fehlgeburt des Kindes von Putz und seiner Freundin,,,, wie

hat die nur geheißen? Wie die Männer sie trugen, der Rettungswagen kam... wie die Christl und ich mit dem Hund im Zug nach hause fuhren.... was aus der Haberhauer Christl geworden ist. Gedankenketten Waldviertel. Hohe Wand hatten wir oder noch nicht ganz. Wie oft gingen wir dort hinauf. Wie oft hörte ich die Geschichte von meiner Mutter. Von dem Gewitter und wo der Blitz einschlug ins Telefon.. Ich habe dort Kegelspielen gelernt. Russisch Kegelspielen.
Das Burgenland fehlt noch. Purbach, der Campingplatz, der Neusiedlersee, die ersten Erfahrungen mit Naturschutz.....
Alles zusammen ist Heimatgefühl.

## Griechenland
Nachdem mir meine Mutter 1986 offenbart hat, dass meine Vater nicht meine Erzeuger ist und mein Erzeuger Grieche war, waren für mich so manche Dinge erklärbar, die bis dato nicht nachvollziehbar waren.
Nachdem mir klar wurde, dass ich keine – oder nicht viel Ahnung hatte von der griechischen Kultur, machte ich mich auf die Suche. Behilflich war mir eine Freundin die mit einem Griechen verheiratet war und mein Freund.
Land, Leute, Musik und Essen wurden nach und nach ein Bestandteil meines Lebens. Im Sommer 1986 machte ich mich zum ersten mal auf dem Weg nach Griechenland. Alleine! Meine Mutter übernahm die Kinder. Ich war zu hause. Fühlte mich angekommen. Als ich nach einer Woche wieder zurückflog hatte meine Seele erst Ruhe als ich den nächsten Flug gebucht hatte. In diesem Sommer flog ich mit meinem kleinen Sohn Georgios noch einmal für eine Woche nach Lesbos. Auf die Insel von der mein Vater stammte. In den Ort aus dem meine Vater kam. Plomari, Paelochori, Melinda.
Den Sommer 1987 verbrachte ich mit den Kindern zehn Wochen im Sommer in Plomari.
Nikos und ich waren ein Paar zwischen dem viele Kilometer lagen und so entschloss ich mich im Herbst 1987 auf Dauer nach Griechenland zu gehen.
Im Frühjahr 1988 war es dann soweit. Mit Kind und Kegel übersiedelte ich nach Lesbos und blieb dort bis Herbst 1989.
Es war eine harte Zeit. Nikos war nicht mehr der Selbe wie in Wien, für Frauen besonders emanzipierte gab es nicht genug

36

Arbeit. Ich habe viel gelernt in der Zeit – vor allem was ich wirklich brauche um zu überleben oder zu leben. Was ich zum Leben brauche.

Aber ich habe vor allem viel über Griechenland gelernt, über die Menschen und über meinen Vater. Der Beruf meines Vaters war Revolutionär. Es war Kommunist und im griechischen Widerstand. In Griechenland habe ich zum ersten Mal gehört, dass Hitler ein Österreicher war. In meinem Kopf war das nie drinnen. Ich traf Männer die meinen Vater noch gekannt haben und ein Teil meines Vater wurde lebendig.

Ich habe in dieser Zeit viel über mich und meinen Vater gelernt und habe heute eine klarere Sicht auf Griechenland. Ich glorifiziere es nicht mehr. Die Sonne und das Meer sind nicht alles im Leben.

Erfahren habe ich auch, dass mein Vater Bayrische Vorfahren hatte.

Nikos und ich zogen im Herbst 1989 nach München, wo meine Sohn Georgios in der Folge zur Schule gingen. Meine zwei „Großen" sind schon im Herbst 1988 nach Wien zurückgegangen.

**Bayrisch-Griechische Vorfahren**
Ich weiß, dass meine Vorfahren väterlicherseits aus Bayern kommen und mit Otto den I nach Griechenland gingen. Unter seiner Herrschaft kamen viele Deutsche nach Griechenland. Dies waren nicht nur die Beamte und Abhängigen des Hofes, sondern auch zahlreiche andere Akademiker und Handwerker, die in Griechenland ihr Glück suchten. Ihre Nachfahren sind heute fast vollständig assimiliert.

Meine VorfahrInnen sind als mit Otto den I nach Griechenland ausgewandert. Wurden dort sesshaft und die deutsche Sprache wurde von einer Generation zur nächsten weitergegeben. Bis zum 2.Weltkrieg bestand ja zwischen Bayern und Griechenland ein gutes Verhältnis. Es gab viele Griechen die hier in München studierten – sogar mit Stipendien. Erst nach dem 2.Weltkrieg war die deutsche

Sprache in Griechenland verboten. Einer dieser Nachfahren war meine Großmutter - die Mutter meines Vaters

## München entdecken – als meine neue Heimat
Nachdem ich nach München umgezogen war, musste ich mir hier adäquate Plätze der Sammlung meiner Energien und neue Ritualplätze suchen. Ich möchte euch hier meine Kraftplätze in München – meine Plätze zum Auftanken vorstellen.

### Englischer Garten
Der Englische Garten mitten in München war immer ein Ort der Freiheit für mich. Einerseits konnte ich mich dort erden und ankern, wenn ich nicht authentisch war, anderseits konnte ich hingehen und abheben und eine Rolle spielen. Auch in den Kaffeehäuser rundherum kann ich mich gut erden, so im Vorbeigehen, immer dann, wenn ich eine Arbeit mache, die mich droht psychisch runter zu ziehen, weil ich sie nicht gerne mache.

## Chinesischer Turm

Ein spezieller Punkt im „Englichen Garten" ist der „Chinesische Turm". Ich liebe den „Chinesischen Turm". Es zieht mich hin. Ich sitze da mit meinem Kaffee. Ich beobachte die Menschen. Sonntag Mittags bedaure ich, daß es ein Biergarten ist, der „Chinesische Turm". Dann habe ich Sehnsucht nach dem „Heurigen", wo ich meinen roten Spritzer trinken kann, wenn es heiß ist.

Ich habe beschlossen, mir in Zukunft meinen Heurigen selbst zu machen und wenn ich mir meinen roten Spritzer mitnehmen muss. Ich habe auch Sehnsucht nach dem Heurigen, wenn Sonntag zu Mittag hoch oben am „Chinesischen Turm", wo der Zutritt für den normalen Besucher verboten ist, eine Musikkapelle meist Walzer und andere österreichische Musik spielt. Dann packt mich das Heimweh. Wonach?????? Nach Kultur, nach Wiener Kultur!!!

### Der Kocherlball

ist das Abgefahrenste, das ich je erlebt habe, was die Ball-Landschaft betrifft. Einmal im Jahr, an einem Sonntag im August, ganz früh am Morgen versammeln sich Menschen, beim „Chinesischen Turm", viele in Tracht und tanzen ausgelassen nach einer ganz tollen Tanzerlmusik. Sie trinken Bier und auch Sekt und essen Weißwürste und Brezeln, und um 10:00 vormittags ist der ganze Spuk vorbei. Seinen Ursprung hat dieser Ball in einer Zeit, wo die Münchner Gesellschaft noch Dienstleute hatte. Da diese armen Leute am Abend keinen Ausgang hatten und somit auf keinen Ball gehen konnten, verlegten sie den Ball an einem Sonntagmorgen, wo die Herrschaft noch schlief.

### Hofgarten

Ich steige sehr gerne am Odeonsplatz aus der U-Bahn aus und da habe ich dann den ganzen Hofgarten mit dem Dianatempel vor mir. Im Kaffeehaus am Hofgarten kann ich bei schönem Wetter im Freien sitzend die Atmosphäre dieser Anlage genießen.

## Dianatempel

Der Dianatempel steht mitten im Hofgarten und bietet Schutz vor Hitze. In seinem Inneren plätschert das Wasser aus den in die Wand eingelassenen Springbrunnen und es findet sich immer wieder ein Straßenmusikant, der im Schatten des Dianatempels auf einen Instrument sein Können von sich gibt.

## Auer Dult

Stände mit Gewürzen und Geschirr. Auer Dult bedeutet Geschirr und Gewürze einkaufen, Dinge bekommen, die du sonst nirgends mehr bekommst. Bedeutet Duft nach Kräutern, Bratwurst und gebrannten Mandeln. Drei Mal im Jahr wird der Bedarf danach gedeckt.

**WOHER KOMME ICH - WOHIN GEHE ICH**
**Politik – Religion – Spiritualität**

- **Politik:**
Ich bin in einen sozialistischen Haushalt aufgewachsen.
Meine Eltern waren beide Parteimitglieder und mein
sozialer Vater war sehr aktiv in der Partei - SPÖ - tätig.
Der Vorabend des 1.Mais und der 1.Mai selbst waren ein
jährlich wiederkehrendes Ritual - wie Weihnachten, Ostern
und Nikolaus. Am Abend des 30.April gingen wir zum
Fackelzug. Da marschierte die sozialistische Jugend auf.
Am 1. Mai standen wir früher auf wie an Schultagen, weil
um 7:00 Uhr wurde der Zug für den Maiaufmarsch
formatiert und da mussten wir da sein. Wir marschierten
dann vom 6ten Wiener Gemeindebezirk über die
Mariahilferstraße zum Rathaus. Marschmusik wurde
gespielt und Transparente und Fahnen geschwungen.
Dieses Ritual war so in mir verankert, dass als ich dann
aus Wien wegging nicht mehr wusste was ich am 1.Mai
tun sollte. Der Tag begann ja nur mit marschieren, denn
nach dem Aufmarsch ging es zum Maitanz in das von der
Partei angemietete Gasthaus. Jedes Jahr das gleiche
Gasthaus, jedes Jahr die selben Menschen. Wien ist und
war immer rot. Und ich war fest eingebunden in diese
Tradition. Natürlich hatte diese Parteizugehörigkeit auch
einen sehr praktischen Grund. Es gab und gibt den
Parteienproporz - das heißt Parteimitglieder bekommen
schneller eine günstige Wohnung und einen sicheren
Arbeitsplatz - das war so und ist heute noch so. Das
unsere Familie bei den Sozialistischen Partei war, war
logisch - ich komme aus einer Arbeiterfamilie.
Ich habe Mitte der 80er Jahre diese Tradition gebrochen
und wurde eine Grüne - ging gegen Atomkraft auf die
Straße und verbrachte Tage mit den Kindern in der
Hainburger Au um das Abholzen von Bäumen zu
verhindern die einem Staudamm für ein Kraftwerk Platz
machen sollten. Heute ist dort ein Naturschutzgebiet. Ich
fühle mich auch der Sozialistischen Partei nicht mehr
verbunden - in keinem Land. Ich bin eine Biofrau
geworden und vertrete die Grundsätze der Grünen

- **Was hat mir persönlich die Frauenbewegung gebracht – und nicht gebracht.**

Die Frauenbewegung hat mir ein Bewusstsein dafür gebracht, dass ich als Frau Mensch und Individuum bin, dass ich ein Recht habe auf ein eigenes Leben.

Sie hat mir die Möglichkeit gegeben Missbrauch und Gewalt gegen Kinder und Frauen zu benennen und als nicht richtig zu bewerten. Fazit: Gewalt und sexueller Missbrauch gegen Kinder und Frauen ist ein krimineller Akt.

Zugang zu den meisten Berufen. Bei manchen nur auf dem Papier. In der Praxis liegt da noch einiges im Argen. Ich habe in Selbsterfahrungsgruppen über mich viel gelernt. Ich habe gelernt, dass ich Dinge für mich selbst tun soll und nicht nur für andere. Eigenliebe. Ich mir selbst Zuwendung geben soll und nicht warten, dass andere dies tun.

Wünsche zu benennen – Bedürfnisse zu benennen – sagt Antje Schrupp dazu. Das Begehren zu benennen.

Was ich heute als Flash back betrachte – und andere Frauen sicher auch – meint sie – Antje Schrupp, kann darin ihre Ursache haben – dass wir es so sehen – dass die heutigen Frauen andere Bedürfnisse haben. Und daher Dinge wieder revidiert werden. Alleiniges Sorgerecht – gemeinsames Sorgerecht ist für mich z.B. ein gravierendes Beispiel. Aber viele Frauen heute sind ja der Meinung, Kinder bräuchten einen Vater. Wir sind mit einer anderen Meinung aufgewachsen.

Was wir noch immer nicht erreicht haben ist, dass Frauen den gleichen Lohn für gleiche Arbeit bekommen und das Kinder Familienarbeit sind, das heißt, das Mutter und Vater sich darum auch im täglichen Bereich gemeinsam um Kinder kümmern. Wochentagsväter und keine Sonntagsväter.

Was ich auch als noch nicht erreicht betrachte – nicht bei allen Männern und auch Frauen – ist das Frauen ein Anrecht auf respektvollen Umgang haben. Das Unrechtsbewusstsein der Männer ist meines Erachtens auch im Rückgang begriffen. Ein Indiz dafür ist für mich die steigenden Gewaltverbrechen an Kindern und Frauen.

- **Religion:** Ich bin zwar getauft, bin in den katholischen Religionsunterricht gegangen, bin auch zur Erstkommunion gegangen, bin gefirmt und habe kirchlich geheiratet, aber mehr aus Tradition als aus Glaubensbekenntnis. Zu hause wurde weder gebetet noch wurden wir angeleitet in die Kirche zu gehen. Ostern kam der Osterhase der die Nester versteckte, der Nikolaus kam und brachte Säckchen mit Naschzeug, Weihnachten wurde mit Christbaum und Christkind das die Geschenke brachte gefeiert - aber das war es auch schon mit Religion und Kirche. Ich bin dann auch ab den 14ten Lebensjahr nicht mehr in den Religionsunterricht gegangen. Ich war aber immer eine überzeugte Christin nur keine Katholikin. Für mich ist das bis heute ein gravierender Unterschied, Christin zu sein oder einer Kirche anzugehören.

**Was war Religion bzw. Kirche für mich?**
Was normales, etwas was in den Alltag einfloss. Wir ging in die Kirche, zumindest zu den großen religiösen Feiertagen, wir waren auch getauft, wir gingen in der Schule in den Religionsunterricht, wir ging zur Erstkommunion, zur Firmung und es war selbstverständlich, dass wir kirchlich geheiratet haben. Ich machte mir nie Gedanken ob das, was von der Kanzel herunter gepredigt wurde richtig ist. Ich machte mir nie Gedanken ob das, was in der Bibel steht richtig ist. Kirche war für mich „edler" als der Sozialismus in dem ich aufwuchs, den ich viel früher hinterfragte. Wir gingen an hohen Feiertagen zur Kirche, aber es war kein spirituelles Ereignis, eher ein gesellschaftliches. Die Gemeinde schien sich eher mit den Auftreten zu befassen und mit ihrer Garderobe statt mit einer authentischen spirituellen Erfahrung.

Ich ging zu den Pfadfindern – da war ich schon erwachsen, und es war schon als Kind mein sehnlichster Wunsch, wurde mir nicht erlaubt? Habe ich je gefragt? - und schickte auch meine Kinder dort hin, weil sie „edler" waren als die Gruppen der Kinderfreunde
Ich schickte meine Tochter in den katholischen Kindergarten und in eine katholische Schule um sie vor ihren kriminellen Neigungen zu bewahren

44

Ich war in der katholischen Frauenbewegung – wo ich viel gelernt habe wovon die autonome Frauenbewegung in München nur träumen kann – und war dort auch in einer Alleinerziehergruppe.

Irgendwann kam der Punkt wo ich mich davon abwandte – gedanklich abwandte von der katholischen Kirche. Wann kam der Punkt? Wann kam der Punkt wo ich mich innerlich abwandte? Es hatte nichts mit der katholischen Kirche in Wien zu tun sondern mit der hier in München. Ich versuchte hier ein Gegenstück zu finden zu den Gruppen in Wien. Die Kirche als Ort des Schutzes, den ich hier in München nicht mehr fand. Dann hörte ich hinter die Worte die in der Kirche gesagt wurden und in der Bibel standen – und dann konnte ich nicht mehr dahinter stehen. Ich will keinem Menschen dienen weil er ein Mann ist. Ich will nicht unter dem Mann stehen. Ich bin Christin keine Katholikin. Und als ich mein Zuhause in der katholischen Kirche nicht mehr fand begann die Suche nach einem Zuhause in einer Gemeinschaft.

Bisweilen fühle ich mich spirituell sehr einsam und mir fehlt die spirituelle Gemeinschaft.

Mich stört an den patriarchalen Kirchen die Darstellung Gottes als Mann, als alter Mann, der den negativ väterlichen Zepter schwingt. Nirgends in dieser göttliche Triade taucht eine Frau auf. Dabei kommt alles aus der Mutter. Ohne diesem mütterliche Gefäß würde der väterliche Samen nichts ausrichte, kein Same kann ohne dem Untergrund Erde gedeihen.

Für mich wäre wichtig, dass „Gott" als etwas Androgynes dargestellt wird – wenn eine Darstellung erforderlich.

Außerdem stört mich, dass in der Bibel einfach Worte falsch übersetzt und interpretiert sind. Eine „Jungfrau" war keine asexuelle Frau sondern eine freie Frau - eine selbständige Frau. Und das Wort „Antrophos" (kommt aus dem griechischen) wird systematisch als Mann übersetzt – oder besser als Herr – heißt aber auch Mensch. Ich muss dann annehmen, dass in den patriarchalen Kirchen nur Männer Menschen sind – diese Zeiten sollten vorbei sein.

In einer kirchlichen Gemeinschaft muss für mich Mann und Frau gleichberechtigt sein. Frau muss zugestanden werden,

dass sie reinen Geistes ist und neben dem Mann
gleichberechtigt Entscheidungen trifft. Die Erde ist nicht
schmutzig, solange sie das Patriachat nicht verschmutzt.

### Im Jahr 2003 bin ich aus der katholischen Kirche ausgetreten.

In der Folge bekam ich im „christlichen" Bayern keine
Anstellung mehr als Altenpflegerin

### Spiritualität
Wie ich die Tage, die mir die katholische Kirche als Familien-
feiertage aufzwingen will, ohne seelischen Schaden zu über-
stehen versuche

Wir leben in einer Zeit in einem Durchgangsstadium wo alte
Traditionen nicht mehr greifen und neue Rituale noch nicht
vorhanden sind. Wir Frauen versuchen es teilweise mit
vorchristlichen Ritualen – was mich nicht befriedigt – und
meines Erachtens nicht in die heutige Zeit passt. Es ist wenig
sinnvoll das Rad der Zeit zurückzudrehen und zu meinen, wir
können dort anknüpfen, wo das Patriachat begann.
Frauen die heute matriarchale Ritualkunst schaffen wolle,
können sich nicht auf die Wiederholung alter Hexenlieder
beschränken, so wertvoll die Funde als Anregung auch sein
mögen. Sie werden neue poetische Texte schreiben müssen
die ihre innere Stimmung auf den Boden der heutigen
Gesellschaft spiegeln. Vielleicht gelingt es ihnen in der Idee
den Raum für eine neue Frauengesellschaft zu eröffnen und in
der Poesie vorwegzunehmen was in der politischen und
kulturellen Realität erst langsam erkämpft werden muss.

### Traditionen
Jeder Feiertag konfrontiert mich mit Traditionen, ich will sie
loswerden und stoße pausenlos an Grenzen. Es ist der z.B.
der 1.Mai, ich bin am Marienplatz und will einen Kaffee, ich
bekomme keinen, denn die Gewerkschaft marschiert auf. Ich
muss noch eine weite Strecke gehen bis ich ein Kaffeehaus
finde, dass offen hat. Oder Weihnachten. Wo ich andauernd
gezwungen werde die Familie zu huldigen. Vielleicht fällt es

mir nächstes Jahr leichter diese Traditionen loszuwerden, die lange auch meine waren.

**Feste feiern für mich alleine**

Jedes Jahr wieder kommt der Krampus der Nikolaus das Christkind und der Osterhase und jedes Jahr entfernen wir uns mehr von dem Ursprung dieser Feste. Immer weniger wissen wir was diese Feste bedeuten und immer mehr materielle Ansprüche stellen unsere Kinder an diese Feste und wir wissen nicht mehr was wir ihnen schenken bzw. kaufen sollen damit die Freude groß ist und der Haussegen nicht schief hängt. Nun sind die Familienfeste zu Ende. Niemand mehr der mich zwingt Krampus und Nikolaus zu spielen, einen Christbaum zu kaufen und zu schmücken und bunte Eier zu verstecken. Kein beleidigtes Gesicht mehr, wenn das Christkind nicht alle Wünsche erfüllt hat. Das Schönste aber ist, dass keiner mehr von mir erwartet mich mit der ungeliebten Verwandtschaft ausgerechnet zu Weihnachten zu verstehen weil es das Fest des Friedens ist. Alles vorbei. Auch das ich für zehn Leute Essen koche und Berge von Geschirr wasche nur weil Weihnachten ist und die Oma und der Opa und die unverheiratete Tante ausgerechnet diese Feste im trauten Kreise der Familie verbringen wollen. All das ist vorbei. Es liegt eine Zeit vor mir in der ich meine Feste alleine feiern werde. Ich weiß ich werde meinen Kindern nicht auf die Nerven gehen mit Weihnachten und Muttertag, ich werde lernen meine Feste für mich zu gestalten. Ich werde für mich meine Rituale entwickeln und werde mich dem Ursprung zuwenden und aus diesem Ursprung Rituale ableiten die in unsere Zeit passen. Natürlich stellt sich für mich auch immer wieder die Frage: Warum feiern wir Feste? In ganz frühen Zeiten glaubte der Mensch, dass wenn die Jahreskreisfeste nicht gefeiert werden, die Erde stillsteht. Unser logischer Verstand sagt uns heute, dass dies nicht stimmt. Oder stimmt es doch?

Ich bin zurückgegangen in eine vorchristliche Religion, in der es noch die Göttin gab und habe dort versucht Rituale zu finden die für mich und die heutige Zeit kompatibel sind und will diesen Weg nun beschreiben

Außerdem habe ich mich damit beschäftigt, was die patriarchalen Kirchen mitgenommen haben aus den vorchristlichen Religionen, es adaptiert haben für ihre Zwecke.

### Erntedank - Herbsttagundnachtgleiche
Die Ernte ist eingebracht, die Erde bereitet sich für den Winterschlaf vor. Der Herbst liegt vor uns mit seinen kürzer werdenden Tagen und braunen Blättern. Ich danke der Mutter Erde für ihre reichen Gaben. Ich gestalte einen Kranz mit all den Dingen die uns der Boden, die Bäume und Sträucher geschenkt haben und hänge ihn an meine Türe. Ich formuliere ein Dankgebet an Demeter der Göttin der Erde, sie ist in mir als Archetyp der lebensspendenden Mutter.
„Mutter Erde ich danke dir, dass du mir im vergangenen Jahr genügend zu essen gegeben hast und ich werde mich dafür einsetzen, dass diesem Planeten mehr Zuwendung gegeben wird."
„Ich danke dir Erde für die reichlichen Gaben im letzten Jahr und bitte dich uns auch im nächsten Jahr ausreichend Nahrung zu geben."
Ich bereite mir ein gutes Mahl.

### Allerheiligen – Hexenneujahr mit diesem Fest beginnt die Zeit, in der sich die Erde der Anderswelt öffnet. Die Erde öffnet sich den Seelen der Verstorbenen
Ich lasse meine Verstorbenen los, ich lasse sie gehen. Ich lasse alles los was gehen will. Es ist die Zeit des Rückzuges des Abschiednehmens. Ich ziehe mich zurück. Ich zünde Kerzen an für meine Toten um ihnen den Weg in eine andere Welt zu leuchten. Räucherwerk und alle stacheligen Pflanzen sind Begleiter dieses Festes.
Ich stelle einen Strauß mit Zweigen auf und räuchere meine Wohnung aus.
Ein rotes Licht ist das Zeichen, dass ich mich dem Leben zuwende. Ein Teller mit Essen für alles was gehen will als Reiseproviant.

Mein erstes Allerheiligen alleine habe ich die Fotos meiner Kinder geordnet. Ich werde den größten Teil an jeden einzelnen von ihnen senden und nur einige wenige in einer

48

Schachtel aufheben. Außerdem habe ich alle Bilder die von ihnen im Regal standen weggeräumt.

**11.11. um 11:11 beginnt der Fasching**
11 ist die Zahl der Spiritualität – es ist der Beginn einer spirituellen Zeit
Der Bürgermeister/in gibt symbolisch den Schlüssel für das Rathaus/für die Stadtkasse an die Bürger/innen – es ist das Abgeben von Materie.
Wir verkleiden uns im Fasching – tragen Masken – machen laute Musik – damit uns der Tod, die wilde Jagd - nicht findet.
Der heilige Martin (Tod, Wotan) reitet auf einen weißen Schimmel – er breitet seinen Mantel auf den Boden (roten Teppich) Er lässt die armen Seelen darüber laufen, dass sie das Jenseits leichter finden. Ihm zu ehren wird geschlachtet, ein Fass Wein geöffnet. Er hat eine weiße Gans bei sich, das Tier der Göttin – der Göttin der sieben Übergänge – sie ist die Schwellenreiterin, die wilde Percht.

**Advent – Weihnachtszeit**
Ich werde den Brauch des Adventkranzes beibehalten. Die Adventabende werde ich mit Tee, Lebkuchen und Keksen verbringen. Am 4. Dezember kommen die Barbarazweige in die Vase.

Was ist Weihnachten? Ein vorchristliches Fest, dass von den patriarchalen Religionen für ihre Zwecke interpretiert wurde. Den Christbaum gibt es erst seit 150 Jahren. Heute ist es ein Fest der Kaufhäuser und des Kommerz und kaum Eine/Einer kennt den Ursprung.

Die Weihnächte beginnen mit der Wintersonnwende am 21.Dezember. Mit der Wintersonnwende feiern die Wiedergeburt des Lichtes, das die Tage wieder länger werden lässt. Die Weihnachtszeit dauert zwölf Tage und dreizehn Nächte. Diese Tage an denen der Himmel offensteht, erfordern besondere Beachtung. Die Wintersonnwende ist der Beginn. Ich werde die Wohnung und einen Baum schmücken, keinen abgeschnitten Tannenbaum sondern etwas was weiterlebt. Die Nacht vom 24. Dezember auf den

25.Dezember ist die nächste Nacht die den schützenden Geistwesen gedacht ist. Eine Besinnung auf unsere Ahninnen, die Mütternacht. Ich räuchere und zünde viele Kerzen an und ich werde fröhlich sein. Ich werde mir gutes Essen zubereiten und ich werde mir ein Geschenk machen. Der 31. Dezember ist der Tag bzw. die Nacht der Orakel, der guten Vorsätze und des Feuerwerkes. Der 6. Januar ist das Ende der Weihnachtszeit. In der Nacht von 5. auf den 6.Januar wird noch einmal geräuchert und gut gegessen, dann werde ich machen was ich immer gemacht habe, alles was an die Weihnächte erinnert wegräumen, die letzten Weihnachtskekse essen.

Den wenigsten Menschen ist bewusst, dass das Fest, das wir als christliches Fest mit allem was dazugehört feiern mit all dem als christlich bekannten Brauchtum seinen Ursprung im sogenannten Heidnischen hat in vorchristlichen Religionen und schon lange in Teilen bestand bevor die katholische, evangelische Kirche und was immer für Gruppierung als das Seine okkupierten. Der immergrüne Baum der angezündet wird hat seinen Ursprung im Keltischen und verlor lange seine Bedeutung bis er in der Mitte des 1900.Jahrhunderts bei den reichen Leuten wieder ausgegraben wurde, und uns sozusagen von oben verordnet wurde. Auch das neugeborene Kind als Beginn neuen Lebens symbolisiert die wieder länger werdenden Tage mit der Wintersonnwende. Dieser Brauch stammt aus einer Zeit wo die Sonne und der dazugehörige Gott die Feste bestimmte. Perchtenläufe mit Schön- und Schiarchperchten (Nikolaus und Krampus) haben ihren Ursprung in Zeiten wo das Christentum in seiner heutigen Form noch nicht bestand.

Die Weihnächte sind sicher eine wichtige Zeit im Jahresablauf. Eine Zeit des Rückzuges (Advent) der Neuorientierung und des Neubeginns. Wir sollten für uns eine Form finden dieses Fest angemessen zu feiern alleine und mit Freundinnen und Freunden.

### Lichtmess – Fasching/Aschermittwoch
Beginnend mit dem 2.Februar wird der ganze Februar als Frauenmonat begangen. Eine Vielzahl von

Fastnachtsbräuchen weist darauf hin, dass dies ein „Weibermonat" ist. Der Name „Februar" heißt auch Reinigung. Auch in den Lichtmess-Bräuchen treten die Frauen hervor. Das Ritual der Kerzenweihe als Segnung des Lichtes, das uns das kommende Jahr begleiten soll gibt es auch im christlichen Jahresablauf. Lichtmess ist auch das Fest bei dem neue Frauen in einen Gruppe eingeführt und aufgenommen werden. Ich finde wer das Bedürfnis hat an den jeweiligen Faschingsbräuchen teilzunehmen sollte dies auch tun.

Es sollte aber auch eine Zeit der Reinigung sein und eine Zeit in der wir uns beginnen auf den Frühling vorzubereiten. Wir sollten uns von den letzten Resten die sich überlebt haben verabschieden um unbelastet Neues zu beginnen wenn der Frühling kommt.

Mit Lichtmess beginnt diese Zeit. An den letzten Faschingstagen wird mit viel Lärm versucht den Winter zu verabschieden

Das Haus oder die Wohnung wird geputzt.

Die Fastenzeit beginnt, vielleicht sollten wir unseren Körper eine Zeit der Reinigung auch von Innen zukommen lassen. Anleitungen dazu gibt es in vielen Büchern und jede muss für sich das Richtige finden.

Die geistige Reinigung sollten wir vielleicht damit abschließen, indem wir die Reste dessen was uns belastet auf einen Zettel schreiben und verbrennen. Lichtmess ist ein geeigneter Tag dafür. Wir zünden viele Kerzen an und räuchern das Haus und besprühen alles mit Wasser. Vielleicht haben wir auch einige Segenssprüche bei der Hand. Sowie „Große Mutter segne unser Haus und gib uns in der kommenden Zeit die Kraft alle Aufgaben die auf uns zukommen zu bewältigen".

**Frühlingstagundnachtgleiche – Ostern**
Alles beginnt zu blühen, pflanzen ist angesagt.
Wir beginnen etwas Neues. Die Fastenzeit ist zu Ende. Frühlingstagundnachtgleiche ist das Fest des Anfangs, des Aufbruchs, des Neubeginns. In der Natur beginnt ein neuer Kreis. Die Frühlingsblumen blühen auf unserem Fensterbrett, am Balkon oder in unserem Garten. Die Tage werden immer länger und die Sonne immer kräftiger. Wir säen was wir im Herbst ernten.

Wir sollten diese Tage benützen um wirklich zu säen was wir ernten wollen, in allen Bereichen. Die Früchte die wir im Herbst ernten wollen. Unseren Garten bestellen.

Wir schmücken unsere Wohnung unser Haus mit blühenden Zweigen und Blumen, die wir mit gefärbte Eier und Brezeln, Bändern und Kränze schmücken. Dies ist das Sonnenfest. Am Land werden zu diesem Fest noch große Feuer angezündet und Feuerräder den Berg hinunter gerollt. Es ist die symbolische Überwindung des Winters.

Ostern ist das dazugehörende Mondfest. Es wird zum ersten Vollmond nach Frühlingsbeginn gefeiert. Ostern war ursprünglich ein heidnisches Fest und die christlichen Kirchen haben alles, sogar den Namen übernommen. Ostara war die Göttin des strahlenden Lichtes, des wiederkehrenden Frühlings. Ihr heiliges Tier war der Hase, daher unser heutiger Osterhase und der Marienkäfer. Die Opfergaben wie Brot und Eier wurden ihr dargebracht, die gleichen Dinge die wir heute am Ostersonntag in die Kirche tragen und vom Pfarrer segnen lassen. Ich lasse meine Gaben nicht mehr vom Pfarrer segnen ich verteile Osterbrot und gefärbte rote Eier an meine Freundinnen.

Ich werde was schönes zum Essen kochen, die Fastenzeit ist vorbei. Kerzen und Räucherwerk werden mich umrahmen.

## Maifest/Walpurgisnacht

Tanz um den Maibaum oder Maiaufmarsch, jede von uns hat diesen Tag anders verbracht. Ich mit Fackelzug und Maiaufmarsch. Ich bin in einer total sozialistischen Familie groß geworden. Mein Vater war Kommunist. Erst durch die Frauenbewegung wurde mir die Walpurgisnacht ein Begriff. Viele der heutigen Maibräuche gehen auf ursprünglich heidnisches Brauchtum zurück. Er ist ein Phallussymbol und der an der Spitze angebrachte Kranz symbolisiert die Vulva. Der Mai überhaupt ist ein Frauenmonat, der Monat der Fruchtbarkeit.

Im Mittelpunkt der Walpurgisnacht steht ein Baum, dessen frisches Grün wir in die Häuser und Wohnungen mitnehmen, und das Walpurgisfeuer. Vielleicht wäre es angebracht die erste Nacht im Mai mit den Freundinnen im Freien zu verbringen, zu tanzen und zu singen. Mit einem Gartenfest oder Balkonfest können wir diesen Brauch in unsere heutige Zeit transferieren. Wichtig ist das erste grün der Bäume, die ersten Blüten die im Garten blühen oder am Balkon mit dem hellen Schein von Fackeln oder Kerzen.

### Sommersonnwende

Sommerbeginn, alles sprießt und wächst. Pflanzen in voller Entfaltung, die Früchte beginnen zu reifen. Wir feiern den längsten Tag und die kürzeste Nacht. Ein Sonnenfest. Ich schmücke meine Wohnung mit Blüten, Wunderkerzen nehmen den Platz des Feuers ein. Eine gute Mahlzeit und roter Wein zeigen die ganze Fülle dieses Festes. Meine Wünsche für die Zeit bis zum nächsten Fest schreibe ich auf einen Zettel und verbrenne ihn.

In manchen Gegenden werden noch große Feuer angezündet und die jungen Menschen springen über das niederbrennende Feuer. Früher galt die Macht des Sonnwendfeuers als besonders reinigend. Alles Alte Unbrauchbares und lebensfeindliche Versinnbildende wird in das Feuer geworfen und verbrannt. Die Asche des Johannisfeuers wird ins Haus, auf die Felder und in den Garten mitgenommen und als Schutzmittel verwendet.

Zur Sommersonnwende gesammelte Kräuter gelten als besonders wirksam. Büschel oder Kränze aus den zu diesem Zeitpunkt blühenden Kräutern werden im Haus und Wohnung zum Schutz aufgehängt.

### Kräuterweihfest/Erntezeit

Der August ist wieder ein Frauenmonat. Heute feiern die christlichen Kirchen das „Maria Himmelfahrt Fest". In Griechenland ist es eines der bedeutendsten Feste im Kirchenjahr. Schon im Mittelalter wurde am 15.August ein Kräuterweihfest gefeiert und noch viel früher am 13.August ein Dianafest.

Ich feiere Anfang/Mitte August ein Vollmondfest. Dieses habe ich schon viele Male am Meer, am Strand gefeiert und hoffe, ich habe dazu immer wieder die Gelegenheit. Wenn nicht werde hinaus gehen in die Natur. Kräuter sammeln wäre wichtig. Die zu diesem Zeitpunkt gesammelten Kräuter haben besondere Kräfte. Vor allem die als Frauenpflanzen geltende, wie Kamille, Johanniskraut, Schafgarbe usw. Im Haus aufbewahrt schützen sie vor Unheil. Diese Kräutersträuße eignen sich auch als Geschenk an unsere liebsten Freundinnen. Bei folgenden Festen kannst du mit den selbst gepflückten, getrockneten Kräutern räuchern. Da es ein Mondfest ist, ist es ein Fest der Stille und Einkehr und es schadet nicht es alleine zu begehen oder im Kreise von ganz stillen Freundinnen. Ich will mit ihnen gemeinsam die Frauenmacht spüren.

Die Achse Lichtmess und Kräuterweihfest (Februar-August) ist hier gegeben als Frauenmonate, das zweite und achte Haus in der Astrologie. Sonne Wassermann, Mond Löwe im Februar und Sonne Löwe und Mond Wassermann im August. Mir fiel dies auch erst beim Schreiben auf. Es ist wert darüber nachzudenken. Vielleicht weiß eine von euch mehr.

Ich habe mit dem Erntedankfest begonnen und schließe somit den Jahreskreis der Feste ab. Ich habe diese Feste teilweise alleine gefeiert und habe es genossen, zum Teil mit Freundinnen. Das sind Menschen die ich lieb gewonnen habe und die mir nicht aufgezwungen wurden. So nach dem Motto:

**„Deine Familie kannst du dir nicht aussuchen, deine Freunde schon".**

**Nachwort**

Die Zeit bleibt auch in München nicht stehn. Ich habe nach meiner Zureise nach München eine Ausbildung zur Altenpflegerin gemacht. In der Folge einen eigenen ambulanten Pflegedienst betrieben. Habe nebenher eine Ausbildung zur Sozialmanagerin gemacht und bin 2001 aus dem Job ausgestiegen.

Es folgte eine Ausbildung zur Lebens- und Sozialberaterin in Österreich und zur astrologischen Lebensberaterin. Und beide Ausbildungen nutze ich jetzt auch in meinem Job als Betreuerin.

Die Natur und Spiritualität sind wichtige Themen in meinem Leben.

Zu meinen Kindern habe ich in der Zwischenzeit ein „normales" Verhältnis. Wir sehen uns nicht sehr oft aber wir haben das Internet und wir versuchen uns in einem freundschaftlichen Ton zu verständigen. Die Verletzungen nehmen ab.

**Was sind meine Ziele:**

Meine Heilung - Meine Gesundheit und das Wohlbefinden der Frauen die ich betreue. .